Marcela Vazquez

Transformar el dolor

Una historia inspiradora que nos revela
cómo superar el dolor crónico

HOJAS DEL SUR
Buenos Aires
www.hojasdelsur.com

Transformar el dolor
Marcela Vazquez

1a edición

Editorial Hojas del Sur S.A.
Albarellos 3016
Buenos Aires, C1419FSU, Argentina
e-mail: info@hojasdelsur.com
www.hojasdelsur.com

ISBN 978-987-8916-89-7

Dirección editorial: Andrés Mego
Edición: Silvana Freddi
Fotografía de portada: Chez Marie PH
Diseño de portada e interior: AADG Studio

Vazquez, Marcela
Transformar el dolor : una historia inspiradora que nos revela cómo superar el dolor crónico / Marcela Vazquez. - 1a ed. - Ciudad Autónoma de Buenos Aires : Hojas del Sur, 2024.
176 p. ; 23 x 15 cm.

ISBN 978-987-8916-89-7

1. Superación Personal. 2. Autobiografías. I. Título.
CDD 158.1

LIBRO DE EDICIÓN ARGENTINA

Prólogos

El dolor es un enemigo silencioso que puede apoderarse de nuestras vidas, un flagelo que no respeta condiciones sociales, creencias, razas, géneros… Cualquiera de nosotros es una potencial víctima del tormento que este implica. Mas aún: en muchas oportunidades, repentinamente nos sorprende con la intención de perpetuarse en el tiempo. Es en este punto de inflexión donde nos enfrentamos al dolor crónico, que llega con la intención de permanecer indefinidamente.

Sin duda alguna, el dolor crónico puede convertirse en una verdadera tragedia y agonía para quien lo padece y para su entorno, y doblegar hasta al más fuerte, al más valiente o al más preparado. Sin embargo, no todos sucumben ante la catástrofe: unos pocos permanecen estoicamente de pie y libran combate, a pesar de la inferioridad de condiciones, rememorando que en algún momento surgió, de acuerdo al relato bíblico, un Goliat, pero también existió un David, y pueden surgir muchos más davides.

De esto se trata este libro: es una verdadera historia de una vida de incansable lucha. Su protagonista, Marcela, comparte con desgarradora crudeza y realismo su experiencia de permanente e incansable batalla contra el dolor crónico neuropático en su continua búsqueda de alivio.

Suavizado por su cautivante destreza literaria, su relato nos permite compartir todos sus años de sufrimiento físico y el sinuoso camino recorrido iluminado por la esperanza. Luego de múltiples cirugías de su columna vertebral lumbar, Marcela desarrolló un cuadro, cada vez más frecuente en nuestros tiempos, casi pandémico, caracterizado por dolor residual en la cintura y en los miembros inferiores. Este es conocido en el mundo médico como "dolor lumbar posoperatorio persistente", con la clara connotación de la perpetuación del dolor, luego de la intervención quirúrgica, en oportunidades más intenso y terebrante que el original.

Un antiguo adagio nos recuerda que, en algunas ocasiones, "el remedio es peor que la enfermedad". La historia de Marcela es un claro ejemplo de ello. Las cirugías sobre su columna, lejos de haber mejorado su condición de salud y mitigado sus síntomas, la sumergieron cada vez más en el sufrimiento total y en la incapacidad.

Luego de la búsqueda del no dolor durante un prolongado y extenuante recorrido sin un horizonte claro, descubrió, en la neuromodulación espinal, una concreta y efectiva herramienta para alcanzar su ansiado objetivo: vivir sin dolor.

Esta modalidad terapéutica de estimulación crónica de la médula espinal mediante el implante de dispositivos específicos por mínima invasión ha confirmado, en más de sus cincuenta años de existencia, su seguridad y su eficacia. Es empleada en un variado espectro de condiciones que generan dolor (como, por ejemplo, en el caso del dolor lumbar posoperatorio persistente que padecía Marcela), con óptimos resultados. El interrogante que inevitablemente surge a partir de este testimonio es el porqué de la inexplicable demora en acceder a esta terapia específica. Este punto nos obliga a reflexionar profundamente al respecto.

La emotiva epopeya de Marcela estimula, fortalece y guía a quienes han experimentado situaciones semejantes y alguna vez estuvieron a punto de bajar los brazos, de rendirse frente a la extenuante batalla librada contra el sufrimiento que genera el dolor crónico. Invita a ponerse de pie en esta difícil lucha, y demostrar que no es imposible reponerse y vencerlo. Capitalicemos su vivencia, incorporemos su experiencia y sigamos su camino hasta alcanzar el no dolor.

Fabián Piedimonte

Al fin, mi adorada Marce, llegó el día, y me emociono enormemente de ser yo quien esté escribiendo estas líneas para poder decirte: "¿Viste que ibas a poder?". Te animaste, lo lograste. ¡Hecho está! Cuando nos conocimos, eras una mujer, diferente de a la que hoy sos. Pasaron tantas cosas, tantos procesos, tanto aprendizaje en vos… y otra nueva piel, una nueva transformación para ser quien sos hoy, y así poder contarlo. Pero también recuerdo que, en ese entonces, ya sabías que querías escribir tu libro, llegar al corazón de las personas, contar tu historia y decirle al mundo que sí, a pesar del dolor, se puede. Leí cada página de este libro y, así, conocí aún más tu historia.

Desde que nos conocemos, me contaste, muchas veces, de todos esos años pero, de todas formas, no pude dejar de sorprenderme. Te conozco, te veo siempre con tu sonrisa, tu calidez, tu paz y serenidad… inquieta, haciendo, yendo de un lado a otro. Y se me hace imposible asociar que alguien con tu alegría y con tu ímpetu haya pasado por tanto... Marce, ¿cómo pudiste transformar tanto dolor? Y, entonces, entiendo todo. Tenés tanto AMOR para dar… fueron la fórmula y el antídoto perfecto para que lo hicieras todo posible. Es que solo con tanto amor se puede transformar tanto dolor.

Sé que no hay un solo día que te dejes de lado… trabajás en tu superación constantemente, compartiendo, expandiendo, creando amistades donde sea que vayas, uniendo personas, ayudando a otros, siempre con el mensaje de que hay posibilidades para tener una mejor vida, de que se debe tener una vida mejor.

Sé también que escribir este libro no te fue fácil; lo intentaste muchas veces. Otras tantas, lo guardaste y lo dejaste reposar… en fin, la vida misma. Te estabas preparando para que hoy, finalmente, todos puedan leerlo y, así, ser la inspiración de muchos.

Sé que lo que escribiste es lo que es. Es tu verdad, es tu fuerza y tu compromiso con la vida. Es tu valentía de ser inspiración para que otros también se animen a vivir la vida de sus sueños. ¿Y fue fácil ?, claro que NO. Por eso este libro maravilloso rompe todos los esquemas. Gracias por compartir tu historia, para motivarnos y para elegir confiar: confiar en uno mismo y en la vida. ¡Vale todo el esfuerzo! ¡Sí, se puede!

Te amo, Marce. ¡Gracias, gracias, gracias por dejarme ser parte de tu historia y de tu vida!

Naty Franz

Agradecimientos

A Agos, mi hija, mi amor más profundo.

A mi familia, a mis amigos.

A todos lo que estuvieron tan cerca sin abandonarme.

A Edgardo, mi marido, mi gran amor. Fue (y es) el hombre más generoso que he conocido. Siempre estuvo tan cerca, sin reclamos… Hizo de mis dolores, caricias; de mi falta de ganas, grandes abrazos en silencios. En noches sin dormir, cuando el dolor embestía con todo, su mano me aferraba a la vida para que no me perdiera de mí, ni de nadie. Tantos detalles, tantos cuidados, tantos permisos, tantas madrugadas despierto y cercano, para recordar el horario de los medicamentos o para prepararme un baño tibio que apaciguara mi dolor…

La impotencia de no saber cómo ayudarme seguramente lo angustió por mucho tiempo, porque es muy complejo calmar. Solo en sus brazos, por muchas noches, encontré refugio. Él siempre me decía que esto era de los dos y que íbamos a salir adelante, que íbamos a estar mejor

Cuando mi historia con el dolor empezó, yo era demasiado joven, y tuve que acomodarme a realidades no deseadas y, en ese aprendizaje, la tarea fue de a dos. Se supone que, ante la enfermedad, está implícito que se debe estar. Pero a veces no es así. El dolor crónico puede hacer claudicar al más comprometido, al más valiente, al que más ama. El tiempo me mostró que se sabe cuándo comienza el dolor, pero nunca cuándo termina. Haber tenido y tener el amor de un hombre con la bondad, contención y presencia de mi marido no me quitaron dolor, pero me ayudaron a transitarlo.

Su amor me sigue enamorando. Pero mi admiración por quién es se ha multiplicado en estos años. No sé cómo hubiese sido mi vida sin él a mi lado.

Hoy solo me queda decirle: "Gracias mi amor, gracias por todo lo que sos, por todo lo que me das, y porque nuestras almas siempre seguirán en este recorrido bello de la vida juntos".

A ustedes, a quienes pelean cada día por una vida más digna y sin dolor.

Prólogo

Cuando tomé la decisión de escribir este libro testimonial, dudé. Pero, en algún momento, consideré que era importante. El doctor Piedimonte me alentó; juntos fuimos llenado cada página, casi sin tecnicismos, desde la mirada más profunda, desde el mayor compromiso. Supimos que lo vivido necesitaba ser conocido, debía ocupar un lugar, solo con el fin de ayudar acompañando a otros.

La posibilidad de escribir este libro me rescató del peor de los caminos. Me fui atando a sus letras, a sus emociones, a las palabras, que hacían de sostén para no dejarme caer. Esas mismas palabras que, juntas en oraciones a veces lúcidas y otras difusas, fueron describiendo cada momento.

Muchas de sus páginas fueron escritas bajo efectos del dolor, de medicamentos que anulaban mi razonamiento y, otras, recuperándome. Pero, sin duda, fueron anudadas con la misma intención: la de que, a partir de lo vivido, la elección sea aprender que uno siempre se levanta varias veces en esta vida. La adversidad nos dejó una gran cuota de sapiencia; a mí, como paciente, y a Fabián como médico. A ambos como personas.

La angustia, seguro, nos abrió el camino hacia la comprensión; el dolor refuerza el alma y empuja a buscar. Desde distintas rutas alimentamos la esperanza, que nunca murió en mí, ni tampoco en él.

Las páginas fueron llenadas; muchos detalles aparecieron, aunque parecían olvidados. Sin duda, hay demasiado que contar: no fueron menores estos diez años de padecimiento...

El capital invertido fue muy costoso, y con un valor demasiado alto de pagar, ya que cada nueva cirugía, cada nueva crisis, o los nuevos síntomas, me exponían al límite, lo que hacía que buscara las opciones menos pensadas, y provocaba un quiebre, en donde tenía que elegir.

Y la elección, entre otras cosas, fue pensar si me moría o si escribía.

Fue pensar si luchaba o me dejaba vencer.

Fue si el enojo formaría parte de mi vida para siempre, o lo mejor de mi aparecería, para que la depresión no me abrazara, y el desaliento solo durara un breve tiempo.

Y así, más allá de no poder, aprendí…

a sobreponerme,

a levantarme,

a fortificar mi alma.

Mi fe…

Mi mente y mi alma supieron que estaba ante la elección correcta.

Marcela Vazquez

Palabras de la autora

Cuando releo muchas de estas páginas, me resulta extraño que yo haya sido la protagonista. Creo que esta historia fue de otro. Imposible haber pasado por tanto y haber sobrevivido. En cada etapa con asedio, me preguntaba de dónde aparecía tanta fortaleza; cómo seguía luchando, casi sin motivaciones, en caminos difusos; cómo podía sostener una familia, una pareja; cómo no me dejaba vencer. ¿De dónde aparecieron tanto sostén y la valentía de enfrentar las siete cirugías de los últimos diez años?

Me conmuevo. Desde lo más profundo escribo cada palabra para que ustedes no se dejen vencer, para que sientan que les estoy aferrando la mano si no tienen una cerca.

Los abrazo para devolverles esas caricias que el dolor se lleva.
Los acompaño en la espera de un día diferente, que dure por muchos.
Los escucho llorar porque he llorado demasiado como único alivio.
Los entiendo cuando solo hablan de dolor.
Los veo en esas miradas que pierden el brillo.

Estoy cerca para hacerles compañía en tanta soledad. Les trasmito mi esperanza para que no la pierdan. Les pido (aunque ya sé que pedirles es mucho esfuerzo) que tengan coraje, que tengan fe, que se aferren a la vida, que sepan que siempre se puede, que nunca dejen el alma quieta, que vuelen con sueños, que nunca son imposibles. La fortaleza del espíritu ayuda a la recuperación. Sepan que el no-dolor llega. Estén atentos: alguien se les cruzará en su ayuda: Dios nunca suelta la mano.

JUNIO, 2007

Tiempos de búsqueda, de necesidad, de dolor y más dolor… pero en el que el amor se hace más fuerte, en el que una luz aparece, en el que las ganas de poder estar mejor te hacen más fuerte. Tiempos, en los que, como dice el apóstol Pablo, "el débil diga: 'Fuerte soy'…". Y en ese proceso estoy, en saber que el no-dolor es posible… y en esa misma búsqueda me sumerjo cada día junto a aquellos a quienes amo y que me aman…

Otro tratamiento: ¿cuántos van?

Mucho tiempo después entendí que, en el síndrome de cirugía fallida lumbar, pocos tratamientos nos conducen al mejor resultado. Los daños, en general, son irremediables. Más allá de que no trate nunca de averiguar caminos poco conocidos, en el recorrido por alternativas médicas, solo busqué las ofertas de la medicina tradicional.

Y no es poco: analgésicos comunes, analgésicos más fuertes, antiinflamatorios, corticoides orales e inyectables que no me calmaban el dolor, pero cambiaban mi físico y mis estados de ánimo con soluciones que duraban pocos días. Cuando se hacen tantos tratamientos y cada paso es un irremediable viaje al fracaso, la sensación es: "Basta, ¿para qué sigo?". El primer bloqueo que me hicieron fue en el quirófano. Más allá de los supuestos diagnósticos de mejoría, nunca nada de esto sucedió. Ese bloqueo del dolor no fue el último: se sucedieron varios por año.

Se minimiza: no es para nada agradable estar boca abajo, con la zona del dolor desnuda, bajo un campo de asepsia quirúrgica, entrando y saliendo del tomógrafo con el que van guiando dónde se va a inyectar la combinación de drogas que, supuestamente, calmarán. Es indescriptiblemente espantoso. En este proceso tengo un mecanismo que se pone en marcha casi inconsciente: mi fortaleza se agudiza, aparece la calma, rezo, me relajo y trato de trasmitir confianza y paciencia a quienes hacen su labor. Entendí que ellos hacen lo mejor que pueden, y desean que esa ecuación se resuma a poco sufrimiento y muchos resultados.

Es fácil indicar bloqueos del dolor como alternativa; lo que no sé si es fácil de entender es que uno siente una mezcla de sometimiento y de agresión. Uno se desploma cuando a los pocos días no encuentra la calma. Uno carece de toda posibilidad de volver a creer; uno siente que otra vez no encuentra refugio, que volvió a poner nuevamente el cuerpo decadente, y para nada.

Aquella vez que me bloquearon antes de la cirugía que iba a hacer limpieza en mi columna (preparándola a la espera del implante del neuroestimulador) fue terrible. La pasé muy mal.

Esa tarde, de vuelta a casa, empañada por el enojo, me prometí que nunca más iba a permitir ninguna nueva agresión, que el máximo de mi tolerancia estaba cubierto. Esa fue la última vez me que me realizaron un bloqueo del dolor.

Estaba cada vez más cerca de mi peor momento; todo se desvanecía. No había freno; la calidad de lo diario ya se desdibujaba. Exceso de sufrimiento para ocupar un solo cuerpo…

¿Alternativas?

De a poco fui perdiendo la sensibilidad del lateral de mi pierna izquierda.

Cada nuevo síntoma provoca el desconsuelo más agudo. El dolor dificulta mis movimientos; es dolor, solo dolor. Camino con bastón, que es una consecuencia de la extrema pesadumbre, del cansancio de mis músculos, del esfuerzo que hago para pararme, para sentarme, para levantarme de la silla. Igualmente, trato de no quedarme quieta, aunque provoque más dolor. Tengo miedo de que mi vida se desvanezca si me quedo en sombras. Siento que todo se desintegra mientras espero una nueva alternativa.

Los remedios que me dan no cambian mi situación. Me hablaron de médicos que hacen tratamientos especiales para el dolor. Mi neurocirujano de cabecera no descarta esta alternativa. Tampoco elimina la posibilidad de que se me implante un neuroestimulador. Pero es tan aterrador pensar en entrar al quirófano una vez más… Solo imaginarlo me hace una hilacha, me desgarra y, si me desgarro, no sé cómo me armo.

Qué terrible el quirófano… más allá de que se salvan vidas, más allá de que también pasan cosas buenas, estar ahí como paciente es terrible. Uno queda desnudo, inmóvil, vulnerable, sorprendentemente entregado a las manos de otros que dicen por uno y eligen en qué forma. Ellos son los que saben, aunque a veces no sé si pueden imaginar lo que se siente. Nuestros miedos, las preguntas sin repuestas, la fe que multiplicamos ante el temor de un nuevo fracaso.

La aprehensión que provocó el paso por los quirófanos me impulsó a entregarme a Dios como única salida. Era difícil confiar en alguien más. En esos días, todas las estampitas que llegaban a mis manos, que simbolizaban la compañía de quienes pedían por mi mejoría, fueron muy valiosas. En esos momentos, mi fe y mi espíritu buscaban desesperadamente no rendirse. Todo gestaba un bloque de protección para darme más fuerza, esa fuerza que desde algún lugar reaparecía para enfrentar cada cirugía. Dios acompañó mi ruta. Así transité por mis tres operaciones de columna durante los últimos cinco años.

Pensé que todo había finalizado luego de octubre de 2005, en la operación donde me retiraron las barras de fijación y los tornillos que sostenían mi columna. Pero el alivio del dolor solo duró un tiempo: a fines del 2006, estalló con furia: empezó la peor etapa. Ya me hablaban de síndrome de columna lumbar fallida; una nueva intervención se avecinaba. Mi columna vertebral estaba demasiado dañada, con algunas lesiones insalvables, resultado de errores del cirujano traumatológico que me había asistido. Más allá de las características de mi dolor, nunca pidió una interconsulta ni otra mirada, más compleja, más profunda como la de un neurocirujano, quien en estas lesiones es el "ebanista" (nunca el carpintero). Había síntomas que mostraban que era necesaria otra opinión. Él ignoró esto.

Fue así como nunca más volví a su consultorio. Fue así como su mal diagnóstico puso en riesgo mi mejoría y, sin exagerar, mi vida. Esa tarde cerré una etapa muy difícil. Pero no me quedé quieta. Mi familia y mis amigas me ayudaron a intentar otra vez la búsqueda de una salida, algo que apagara tanto dolor, algo que me devolviera una esperanza después de tanto sufrimiento.

Una gran amiga mía es médica, y también una de las que hacen honor a su profesión, basándose en la ética y en el compromiso. Yo confiaba absolutamente en su mirada, en la forma de buscar con quién hacer una nueva consulta. Nunca dudé que era ella a quien debía escuchar. Liliana compartía mis días y fue protagonista de mi deterioro profundo. Supo conducirme hasta el mejor día; me transmitió gran parte de su confianza, y la convicción de que —si de ella dependía— se iba a hacer todo para que algo de la Marcela perdida se recuperara. Una vez me dijo: "No voy a parar hasta volver a verte como eras".

Fue ella quien me llevó a él. Fue así como por primera vez vi a un neurocirujano. Fue así como conocí al Doctor Jorge Shilton. Fue así como me enteré de que la compresión de mi raíz ciática era grave, de que la fibrosis posquirúrgica era importante. Lo que me pasaba era de difícil solución. Pero había que volver a intentarlo, había que volver a creer. Casi empezar de cero.

Ya en manos del Doctor Shilton, comenzó un profundo chequeo (resonancia, tomografías, placas), que mostró que, en esa última parte de mi columna lumbar-sacra, había un sector, entre una prótesis de metal, el injerto óseo y la fibrosis posquirúrgica, que era intocable. Entré con miedo.

Jorge me analizó a fondo, consultó con colegas, miró una y otra vez cada estudio, cada placa, cada resonancia. Era complejo, pero al mismo tiempo el intenso sufrimiento no nos daba otra opción y me permitía convencerme de que algo debía cambiar. Ya no tenía vida (o por lo menos la que había planeado) aceptando las dificultades, adaptándome a los cambios que habían empezado hacía un largo rato. De igual modo, eran ya mucho más los noes que los síes. Y, aun en contra de lo que opinaban muchos, supe que era el camino correcto y el único. Además, todos los que hemos sufrido bien sabemos que, en algún momento, el padecer no nos pregunta qué está bien y qué no; no nos dice: "Sí, es lo correcto", "Sí, es lo posible". Nuestra intimidad pide basta a gritos y, con estos, las posibilidades siempre aparecen. Aferrándome al respaldo de mi cama, tratando de estirar la columna para aliviarme un poco, más de una vez me pregunté hasta cuándo y, tantas veces, por qué a mí. En mis largas horas de terapia, entendí: ¿y por qué no a mí?

No había demasiadas posibilidades; una próxima intervención me daría unos meses de menos dolor, y solo iba a preparar la zona para colocar un neuroestimulador.

Mi nervio ciático estaba demasiado dañado. El Dr. Shilton lo sabía: fue su diagnóstico desde la primera consulta y conocía los riesgos. Fue cauteloso; siempre mostró la verdad y las pocas posibilidades que esta cuarta intervención podía brindarme.

La ubicación de la lesión lo hacía aún más complejo; se intentaría despejar lo que se pudiera, pero había que ser muy certero. Era claro que no se podía provocar más daño. Entré, por cuarta vez, a una cirugía de columna lumbar. Por suerte, esta vez estaba en manos de un neurocirujano, un especialista en columna, uno de los mejores del mundo.

Operarse con el Jefe de Servicio de Neurocirugía del Hospital Argerich fue, sin duda, una puerta a la esperanza, con un profesional de gran trayectoria, con amplia experiencia, a lo que se le sumaron su compromiso humano, su responsabilidad y la bondad de su persona.

No fue una decisión fácil para nadie. Se tomaron todos los recaudos:

El doctor es un hombre que sabe de situaciones complicadas, de columnas mal intervenidas, mucho de la vida y de su amada profesión. Reconocido entre sus colegas y muy querido por sus pacientes. Ante una consulta, se tiene la certeza de que siempre va a dar soluciones basadas en su prudencia y en su sabiduría, y con la humildad de los grandes.

El doctor Shilton supo abrazarme en los peores momentos, cuando toda su ternura y su contención se sumaron para que mi esperanza no desapareciera, aunque mi cansancio por tanto dolor seguía aumentando.

Es un hombre con una sencillez que nunca nos hace sentir diferentes: nuestra condición de persona a su lado no se pierde, más allá de lo vulnerables que nos hace la enfermedad. Jorge se hacía presente en la clínica todo el tiempo en que duró mi internación; vino día por medio a mi casa para saber, seguirme de cerca, controlarme la herida, sacarme los puntos, indicarme qué hacer. Me contenía, me alentaba. En esa cirugía todo había salido perfecto.

La fisura de la duramadre

No solo me pasó a mí, sino a muchos con los que he hablado. En este camino que recorro para acercarme a los que más padecen, a los que sienten que el DOLOR lo puede con todo, hablando de cirugías, de situaciones posibles normales y de otras complejas, escuché hablar de la *duramadre.*

En una de mis intervenciones, apareció una fisura en la duramadre (membrana que recubre la médula). El episodio era grave, y alertó a todo el equipo médico. A mí me descolocó, ya que solucionar el inconveniente implicaba ingresar otra vez al quirófano. Ante esto, el doctor tuvo sapiencia y tranquilidad, aun con la gravedad de lo que pasaba: esperar a que la lesión se resolviera por sí sola. Fue una jugada difícil de asumir, pero no se equivocó. Yo no comprendía de qué me estaban hablando. Fueron cuidadosos. Perder líquido cefalorraquídeo por la herida era mucho más importante que lo que yo suponía.

La primera medida fue el reposo absoluto, con la indicación máxima de no levantar la cabeza. Fueron momentos terribles: comía acostada, me bañaban en la cama y solo me permitían levantarme cada vez que debía ir al baño.

Si, cumpliendo lo establecido, no se cerraba por sí sola la herida de membrana medular, me tenían que operar, ponerme un catéter para que la presión arterial no se descompensara. Estaba tan agobiada…

Escuchaba, sin querer enterarme, de infecciones, de meninges, de otra anestesia... Era mucho, casi impensado. (Hoy escribo y, llena de angustia, respiro hondo para poder seguir el relato). Pero mi cuerpo reaccionó bien; se revirtió la fisura, y el ingreso al quirófano quedó en el olvido.

Luego de unos meses, cuando mi recuperación parecía probable, comencé con síntomas que rara vez me habían atacado, pero ahora con insistencia me acompañaban a diario. Otra vez llamé al doctor. No entendía qué me pasaba, cómo era posible soportar ese fuego que quemaba las plantas de mis pies, mi entrepierna... la rara sensación de hormigueo que recorría mi piel estremeciéndola, casi como única compañía. Era soportar la intensidad que, con el paso de los días, se iba acentuando. Estuvo y sigue estando.

Lo no deseado tenía nombre: DOLOR NEUROPÁTICO. Me lo explicaron, y ahora lo comparto con ustedes...

Un día me lo explicaron: el dolor neuropático

—Me arden las plantas de los pies; siento lo mismo entre mis piernas: me pinchan como agujas... es intolerable. También por detrás de mis rodillas. ¿Qué me está pasando?

—Te vamos a explicar: tenés dolor neuropático. Ya llegó a la Argentina una nueva medicación para tratarlo específicamente. Las estadísticas dicen que lo padecen muchos argentinos, la mayoría de los cuales desconocen el origen del dolor. Hasta ahora, los tratamientos existentes para esta afección eran medicamentos indicados para la depresión, la epilepsia, o anestésicos locales. La nueva droga, cuya denominación es "pregabalina", se diseñó específicamente para tratar el dolor neuropático a nivel del sistema nervioso central, modificando la respuesta al dolor; calma y elimina la sensación de ardor. —Estas fueron las primeras respuestas e informaciones de los especialistas, los médicos consultados, la gente que hace Dolor, mi neurocirujano—. Este es un medicamento para tu dolor; trata la secuela, el síntoma, casi aislándolo de la causa.

—Espero que funcione porque, la verdad, es aterrador: nunca lo había sentido, o no con tanta intensidad. Es cierto que mi sensibilidad está ya alterada. ¿Y ahora me toca esto?

—Sí, y debés comenzar con el tratamiento inmediatamente. Si no, hay un aparatito que se pone en el canal vertebral y...

—¿De qué hablás?

—Otro día te explico; ahora vas a empezar a tomar el medicamento.

Y comencé a pelear otra batalla, y no me asusté. Más allá de la gran eficacia de la droga en muchos otros enfermos, al principio, en mí dio buenos resultados, pero mi lesión era tan severa que luego comprendí que requería otro tratamiento, mucho más complejo. Solo había escuchado muy al pasar que existía un "aparatito".

Luego me explicaron que el dolor neuropático puede ser causado por daños en los nervios cuando se produce un accidente en la columna vertebral. Por lo general, este dolor se sufre siempre; no se calma ni en reposo. Es más: en general, las noches son terribles. Cuando recuerdo, el roce de las sábanas me duele; me arde tal cual esas madrugadas cuando mi sueño era interrumpido, las horas eran agónicas y la decadencia en mi calidad de vida se iba haciendo cada día más notoria. Mi voluntad se veía amenazada, se desgastaba; me sentía sin fuerza, desolada, sintiendo que la posibilidad de volver a ser quien había sido se desvanecía.

Comencé el tratamiento con 150 mg de pregabalina. El efecto de la droga se hizo esperar mucho, y duró poco. Los primeros días transcurrieron sin cambio, y luego parecía que algo se iba produciendo. La indicación fue ir subiendo el gramaje hasta el máximo tolerable; las respuestas eran pocas, y la sensación de desesperación aumentaba, en igual forma, casi viendo que alguna salida era solo una ilusión tan lejana como aterradora. Para que se entienda, a mí me costó mucho comprender cuál era la diferencia de este dolor con los dolores conocidos. Me explicaron que hay dos tipos de dolor: el somático y el neuropático.

El primero es un mecanismo de defensa del organismo que avisa que hay una amenaza, un problema, como puede ser una inflamación, una fractura, un golpe, una contractura. Dicen que es un dolor sano, que desde algún lugar nos permite proteger la zona afectada. Pero el dolor neuropático es un dolor patológico causado por lesión (en mi caso, por una lesión nerviosa). Fue muy complejo comprender cómo funcionaba, y tratar de describirlo también es complejo.

El dolor crónico es insistente; no me deja espacio, me asfixia. Me pone en una situación extrema de peligro. Este tipo de dolor surgió cuando mi sistema nervioso se dañó. Por años mi sistema nervioso se quejó sin ser visto, pero empezó a ser escuchado por mi neurocirujano. Mi sistema del dolor estaba dañado y, junto con él, cambiaron mi sensibilidad, mis reflejos, mi fuerza, mi movilidad, mi calidad de vida.

Mi vida con el dolor neuropático se quedó sin caricias porque, en el dolor neuropático, aun las caricias duelen. A este dolor se le suma, generalmente, una sensación de hormigueo, de quemazón, de ardor; otras veces es punzante e intenso. El cosquilleo aparece en otras ocasiones; un dolor sin motivo, o más agudo. El dolor incapacita, es grave y no se calma con los medicamentos habituales. El mío fue así con todas las características y en aumento, con iguales proporciones tanto de pérdida como de desesperanza.

Yo no soportaba este tipo de dolor: sufría exasperadamente; mi estado de ánimo empeoraba. Así fue cómo aparecieron etapas de depresión. Conocía los trastornos de ansiedad, los ataques de pánico, que alguna vez quisieron volver a encargarse de toda mi persona. A pesar de la ayuda terapéutica, la fe y lo aprendido, esos ataques muchas veces pudieron conmigo. En esos momentos, tenía la impresión de estar sobre la punta de mis pies, sin hacer tierra. La garganta se me cerraba, el pecho me dolía, no paraba; sin embargo, hacía y seguía haciendo casi sin pensar lo que mi cuerpo indicaba, y no mi mente.

El dolor crónico es provocado y refresca situaciones ya instaladas. Con años de terapia entendí que el pánico es el miedo al miedo. Hay que saber pinchar ese globo, ese que se infla junto con cada síntoma. Y, más allá de que uno se inquiete ante situaciones amenazantes, hay que poner en juego todas las herramientas aprehendidas para que el peligro pase.

Siempre estuvo allí...

Mis llamados telefónicos de pedido de auxilio para buscar el consuelo que las drogas no hacían en mi lesión eran reiterados y nunca fueron desatendidos. Sus palabras no me sacaban el dolor, pero me daban calma.

Cuando me implantaron el neuroestimulador, a mi pedido, Shilton presenció la cirugía. Para mí, era la carta de confianza que me daba un poco de fuerza para volver a ingresar. Se lo pedí, y no dudó. Sus principios y sus valores hicieron que el 23 de abril de 2009 él estuviera, como lo había prometido.

Cuando el dolor te invade

Cada espacio de mi vida está siendo invadido por este… La lesión nerviosa de mi nervio ciático era gravísima y dejó la peor secuela: el dolor neuropático. Con los síntomas de este nuevo dolor, empecé a tomar una batería de drogas en el intento de apaciguar situaciones que eran, por demás, insoportables.

Siempre he sido una mujer sana, una deportista de competición, es decir, con un cuerpo preparado para el desgaste. Pero nada tenía que ver con este deterioro; mi cuerpo se iba marcando con cada nuevo día de dolor, se iba apagando; era difícil convivir con cada uno de esos momentos. Fue necesario, en el extremo auxilio por sobrevivir, tomar dosis de medicamentos mucho más elevadas que lo aconsejado. Pero fue imposible sostenerlo muchos meses ya que, junto con el dolor neuropático, las drogas empezaron a provocarme los olvidos en mi memoria, desgano, tristeza, apatía y la sensación de que la vida me pasaba por un costado como si fuera de otro. No era algo que yo podía advertir, pero sí mi familia, mis amigas y los médicos. Ellos empezaron a darse cuenta de mis cambios ante la imposibilidad de seguir con este tipo de paliativos.

Antes de implantarme el neuroestimulador, decidí regresar a mi casa de Pilar, para lo cual había que organizar la mudanza, continuar detalles de la obra y cerrar la otra casa. Y, aunque parezca mentira, hay muchos días de esos tan intensos que no puedo recordar; hay tiempos importantes, o detalles mínimos que mi memoria borró sorpresivamente. A veces les pregunto, a quienes colaboraron en la mudanza, dónde estuve yo. Vagamente recuerdo que hubo mucha gente que me ayudó; yo no tenía capacidad emocional ni racional para hacer ya nada. Estaba explosiva, como aquietada, cansada; se sumaban las horas de no dormir, y todo me iba minando. Una íntima amiga se instaló por días en el departamento para ayudarme; nunca me marcó que yo estaba ausente. Ella tomó la decisión e hizo todo casi sin consultarme. Me cuesta recordar detalles de esos días; hay blancos en mi mente que todavía no he recuperado.

Sabía que tenía que volver a mi casa, pero no cómo hacerlo. Estar en mi lugar para esta nueva cirugía apuraba mis tiempos. Creo que ese extremo padecimiento aparejó un esfuerzo que agotó todo lo mío. Quienes me acompañaron en esos meses buscaban la forma de no dejarme sola. Yo no quería sobrecargarlos ni interferir aún más en sus vidas, pero era imposible sostenerme; ya no alcanzaban ni mi fe, ni mis creencias, ni ninguna motivación para que, en la espera de colocarme el neuroestimulador, los días pasaran un poco más serenos. Los míos, con sus tiempos, con sus compromisos y con sus necesidades, allí estuvieron.

Los síntomas silenciosos

Más allá de estos daños cognitivos y de la imposibilidad de dormir, mis deseos, mis elecciones y mis voluntades fueron disminuyendo. Me daba lo mismo qué comer, aun en la rutina; ni pensar en elegir cenar afuera... me parecía un programa solo torturador saber que por horas iba a estar sentada tratando de disimular sin encontrar posición. Me movía, me paraba, hacía el máximo esfuerzo hasta tener que irme. Todo me daba lo mismo: mi calidad de vida era una gran mezcla de frustración y de imposibilidades.

Como mujer, no era la de antes, y esto, para quien tiene todavía las ganas, no era fácil. Más allá de lo invalidante de mi cuerpo, había que cubrir necesidades que desconocían de satisfacciones. Muchas veces estos temas no son fáciles para conversar, aun con nuestro entorno médico y, si bien no es mi estilo hablar de mi intimidad, hoy lo hago solo con la necesidad de que lo testimonial de mi relato ayude. Porque, cuando el dolor se hace dueño, arrasa con todo. Y, más allá del deseo que puede no apagarse, cuesta. Todo es una interminable cadena de esfuerzos.

Cuando las primeras dificultades aparecieron, traté de ser clara, y compartí con poca gente algo tan serio. Tenía que poder conocerme a fondo en esta etapa para diferenciar lo que hacían la lesión, la medicación y mi ánimo. En esa mezcla explosiva, a veces podía separar los componentes, lo cual hacía más fácil la resolución pero, en las crisis más agudas, era temerario pensar en cada síntoma. Y, como en esta historia siempre estaba mi marido (para quien tampoco eso era simple), era importante no mentirle.

En casi todas las mujeres, las emociones juegan antes que la razón, y yo no soy la excepción. Esas emociones se trasladaron a mí: miedo a ser dejada, reemplazada, creyendo que era una carga hasta en lo más simple, preguntándome, en esas noches sin respuesta, si no era egoísta, si mi no placer debía ser de ambos, si mi dolor y mis impedimentos debían ser de a dos.

En lo personal de mi historia, yo tuve la bendición de que nunca hubo reclamos… solo acompañamiento. Nunca hubo exigencias, porque se sobrentendía que no podía, y no que no quería. Y, además, que, aun partida y agotada, el "no" no era mi respuesta frecuente, más allá de aferrarme a la almohada o de callar para que un gesto de placer no se convirtiera en un grito agudo de dolor.

Hoy me siento orgullosa de quien está a mi lado; siento que, luego de haber vivido cada día juntos estas situaciones tan traumáticas como dolorosas, nos llevaron a ser más compañeros, nos descubrimos; nos damos tiempo, paciencia, y aprendemos. El gran conjunto de lo que sentimos y de lo que pensamos nos permite, primero, decidir solo de a dos, implantarme el neuroestimulador, y luego aprender a convivir con este, reconocer los nuevos espacios, esperando que una vida conocida pueda volver.

Sé que, cuando se ingresa en el lugar de la enfermedad, es muy difícil volver a la vida común, a la salud (aunque parezca contradictorio). Los días de dolor me acostumbran a estar pendiente de mi dolor y de mi salud, de lo que provocan y de lo que no puedo resolver.

Encontrar nuevamente la hoja de la historia para comenzar a vivirla por segunda vez no es fácil; no lo fue.

MAYO, 2008

Tiempos en donde el dolor se intensifica, en el que el dolor se hace más grande que mi propio cuerpo, en el que necesito escribir para volcar ese dolor que por momentos no me permite ser y en el que no me reconozco... Por momentos, con ganas de desaparecer y, por otros, con saber que, en algún momento, mi cuerpo volverá a habitar mi alma...

El dolor después del dolor

Me estalla la cabeza; esta combinación de anticonvulsivantes con antidepresivos son ametralladoras; el dolor no calma; empeoro; mi mente se paraliza; tengo olvidos. Las drogas me van destruyendo, y empiezan a aparecer daños cognitivos. No puedo concentrarme. Mi ánimo decae, me hace sombra, me borra, me impulsa a pensar en la muerte, y bajo los brazos.

Tengo que volver al médico del dolor que queda en Pueyrredón y Santa Fe, y decido tomar el subte en Juramento, aunque no debería hacerlo: el subir y bajar escaleras y el movimiento de los vagones provocan más dolor. Pero siento que así rescato algo de vida. Camino con bastón; alguien se apiada de mí, y me da el asiento. Hago el esfuerzo de moverme sola.

Llego a Pueyrredón. Es invierno; hace frío. Estoy destemplada de adentro y de afuera, y harta de relatar lo mismo en cada visita. El doctor es un encanto; muy contenedor, pero creo que ya no sabe qué hacer conmigo. La dosis diaria habitual de gabapentin (droga que me indicaron para el dolor neuropático) es de 900 mg; ya estoy en 2400 mg.

Me anuncio; me atiende rápido. Me pregunta cómo fueron estos últimos quince días, y le digo que no hubo cambios, o sí: el dolor se agudiza, y mi cabeza se pierde, mientras mi espíritu se apaga. ¿Qué me va a entender? ¿Cómo explicarle que cada día es una pérdida de otro pedacito de mi vida, que ser mujer me cuesta?

—¿Me entendés? —le pregunto.

—Por supuesto: sos una mujer joven, vital y con una gran fortaleza. —Lo miro casi resignadamente.

—Lo era. ¿Sabés?, vos no me conocés, aunque hagas lo posible. Yo era una deportista de excelencia; era alguien que empezaba el día con una sonrisa y lo terminaba así. Era alguien que no se cansaba nunca, que sabía disfrutar, que amaba viajar, ir a cenar, bailar... Pero volver a hacerlo es casi soñar, como volver a tener otro hijo; es decir, es plenamente imposible.

—¿Por?

—No puedo tener más hijos, pero no voy a hablarte de eso: ya fue bastante doloroso y está guardado. No pienso ni siquiera rozar el tema. ¿Entendés?, no hay más nada que me puedan ofrecer. Deberé resignarme; siento que me voy muriendo y, aunque sea muy creyente, casi le pido a Dios tanto que se apiade de mí como que termine esta historia. Te parecerá un disparate o que estoy dramatizando, pero el dolor crónico hace estragos; es devastador, desgarra, y nunca da tregua.

—Vas a ver que algo va a aparecer. No te vas a caer ahora.

—¿Vos qué sabés de caídas?

—Sí, sé, y fuertes. Demasiado para que te las cuente en este momento. Además, debo acompañarte, contenerte; soy tu médico del dolor. Debo decirte que vas a poder.

—Disculpame, pero lo veo tan lejano...

—¿Sabés, Marcela?, no pienses que la vida se termina cuando uno desea, ni mucho menos que no hay caídas aún más fuertes que la tuya. Y, como sos una mujer de valor, debés seguir, no podés dejarte vencer; algo va a aparecer, aunque yo no sea la persona que pueda darte esa solución.

Me levanté conmovida; le di un abrazo y le agradecí. Nunca más volví a verlo.

Me había dado lo mejor de él, me había contenido y escuchado; apostó con todo su conocimiento a paliar mi dolor, pero la rebeldía de mi lesión crónica otra vez ganaba la batalla.

Me tiro por el balcón

Quiero meterme dentro del televisor o tirarme por el balcón; no sé qué hacer. Mi dolor es importante, y es reflejo; me humilla, me destruye. Me desespero; no puedo soportarlo. Si fuera capaz, terminaría esta misma tarde con todo. No son mis convicciones las que me mueven ni mi forma de entender la vida, pero me desespero. Esta vida de dolor no puede seguir haciendo estragos, destruyéndolo todo. Se llevó mi dignidad, mi calidad de mujer, mis ganas de vivir como alguna vez pude.

Miles de hormigas caminan por debajo de las plantas de mis pies; agujas, pinchazos; me arden los pensamientos, me duelen las lumbares, me quema la piel en forma indescriptiblemente extrema. Me aprieta la lucidez; todo se junta en las plantas de mis pies, en mis entrepiernas, en lo que siento y en lo que pienso. En lo que quiero ser y ya no puedo. Y quiero volver a serlo, y no sé cómo empezar. Todo se perdió pero, en estas horas de esta tarde, colapsada, ya no hay lugar ni para un minuto más de sufrimiento, de este extremo sufrimiento.

Miro la ventana sin acercarme. Estoy sola, y llamo a mi terapeuta; busco aire, dejo de caminar desesperadamente. Respiro hondo; ella me lleva a una conversación para que mi mente se aleje de la peor idea. Sigo sus palabras; pongo música, enciendo el televisor, trato de responder a sus preguntas, me siento, busco calma donde no la encuentro, aunque siempre ella me rescató para que lo hiciera. Ahora siento que me aferra más que nunca. Pone mi mente en el tiempo real. Y, casi milagrosamente, escucho el ascensor:

sé que es mi marido. Me calmo. Él abre la puerta; lo abrazo. Y Emilia cuelga el teléfono.

* * *

Cenamos, me calmo, me acuesto. No puedo dormir. Me levanto. Escribo. Escribo para olvidarme del ardor insoportable que consume las plantas de mis pies; sigo porque, si vuelvo a mi cama, mi cuerpo, igualmente, no encuentra serenidad, y mi mente pierde la cordura; me quiebro. ¿Por cuánto tiempo más? (Ahora, escribo convencida de que lo que me pasó, en el futuro, ayudará a muchos que se identifiquen con mi dolor. En la desolación profunda, sepan que hay una posibilidad de alivio).

Aferrada a mi esencia, a lo más íntimo de mí, esta siempre me marca el saber que se puede, que bien vale la pena hacer todos los intentos en esta vida. Sin embargo, una profunda sensación de soledad me acompaña, pero sé también que es necesaria. Si logré vencer el pánico, recuperarme después de embarazos perdidos y de otras ausencias que aún hoy siento; si pude volver a mi casa (de la cual me fui para estar más cerca ante cada tratamiento, ante cada consulta o traslado) y hacer de esta vuelta mi lugar en el mundo; si pude tantas veces ponerme de pie, aun en las crisis más profundas de dolor y en otras (las del alma, que no encuentra consuelo); si encontré refugio en la escritura, en la novela, en la poesía, en mi familia, en mis amigos, ¿cómo no soñar con VIVIR SIN DOLOR para volver a VIVIR DIGNAMENTE? Por eso, esa tarde, me atormentó la idea de terminar mi vida, esa vida de dolor. No mi vida, que amo, a la que me aferro y que festejo. Pero este día no sabía cómo poder terminar con tanto padecimiento, cómo dejar el dolor para siempre, cómo hacerlo caer desde el séptimo piso, para que se estrellara, para que ya no fuera mío (pero para que tampoco fuera de nadie más).

Otra noche

Otra noche. No puedo dormir. El ardor en las plantas de mis pies me vuelve a desvelar; me provoca una situación compleja. Hace poco empezó. Estoy tomando pregabalina; creo que lo escribí una y mil veces: es una droga especial para el dolor neuropático. Cuando existe una lesión en una raíz nerviosa, se padece de tal forma que nadie puede imaginar... Arde la entrepierna, detrás de la nalga derecha, detrás de las rodillas. No aguanto las sábanas; me levanto, camino, voy al living. En estos días estoy en el departamento en Vicente López. Mi casa está lejos; y ya no manejo. Casi no puedo ni caminar. Desde acá, todo me queda más cerca. Espero volver cuando tenga menos dolor. Extraño mi jardín, mis lugares, el escritorio donde guardo mis libros, donde he escrito parte de mi novela.

Pero desde acá puedo salir un poco a la calle; aunque sea en un remise trato de ir hasta lo de mi terapeuta. Ahí puedo hablar, puedo encontrar alguna respuesta a tanta pregunta. Dejo lo peor de lo que me pasa; no hay juzgamientos. Entre esas paredes del consultorio, en ese refugio, aparece algún recurso, como para que mi familia no sienta tanta presión. No es menor convivir con alguien con dolor las veinticuatro horas del día.

Estos dos últimos años fueron terribles: los síntomas fueron más agudos. Mi padecimiento se fue multiplicando. El espacio terapéutico me ayudó muchas veces a no abandonarme, ni a abandonar la búsqueda de algo que mejore mi calidad de vida. Desde este lugar, un día, entendí que la enfermedad no se busca y que no debía sentirme culpable por lo que me pasaba: "Nadie puede sentirse peor que yo".

La enfermedad es intransferible, demandante, hasta incomprensible. En el consultorio de mi terapeuta pude encontrar alivio, aclarar dudas, fortalecer la esperanza en busca de una posibilidad. Allí, cuando quiero bajar los brazos, alguien me dice: "Todavía no". Igual, hoy mi dolor es interminable. La salida, poco clara, ya agónica. Para mí no hay espacios; todo me da igual; se perdieron mis ganas, mi fuerza, esa posibilidad de volver a creer. El dolor ocupa cada respiración, cada pensamiento. No me deja ni una mínima hora de tregua. Los meses transcurridos han ido desmejorándome; se borró el color en mis ojos, mi brillo, mi sonrisa. Me estoy apagando, y no sé desde dónde se puede. Mis frases quedan en el padecimiento; carezco de lucidez, me enfrasco. Trato, pero hay momentos tan intensos en que no puedo.

Es la tercera noche de la semana en que no duermo; estoy agotada. Entro en el trayecto donde la ansiedad se potencia, el malestar se agudiza, las fuerzas se desdibujan, se cierra mi garganta, se llena de silencios, no me quedan posibilidades... nadie me las muestra, no se ve nada... dejé de ver hace rato.

Las horas se hacen extensas. No tengo televisor en mi cuarto; solo escucho la radio. A veces me levanto a escribir; otras, a comer en la cocina. Preparo algo, y trato de cocinar para ocupar mi mente, pero estoy quieta, inválida de pensamientos. Mi cuerpo está igual.

Cuánta soledad... Cuánta pérdida... El padecimiento físico provoca aislamiento; no hay cosas para compartir. Nada ya tiene sentido; todo se inunda de dolor, que se encarga de paralizar, de destruir, de gestar los peores sentimientos.

Estoy en crisis, otra crisis; no sé qué número va en este año. El comienzo se confunde con el fin del día: todo es igual, todo da igual. Solo los tiempos avisan para tomar la medicación; el efecto de los analgésicos no hace registro; no hace colchón, no mitiga nada.

Ni aun en la cama, en absoluto reposo, la situación se modifica.

¿Cuándo se terminará esto? ¿Cuánto soportaré? No sé a qué aferrarme; mi fe, por momentos, se resquebraja. Necesito un momento sin dolor, que me aliente a seguir adelante, más allá de tanto sufrimiento. Muchas veces me pregunto cómo no se percataron de que la lesión producida en la raíz del nervio ciático era el problema y el inicio de esta pesadilla. Estoy llena de preguntas, de dudas, y no tengo ninguna respuesta.

Cambio, aunque no quiera

Cuando reaparece el dolor, pierdo los sabores, los gustos se hacen ajenos; mis ganas, las necesidades, todo se desvanece. Más allá de los años transcurridos, lo que aprendí no me alcanza. Aun lo que está bien no puedo verlo. Pierdo la claridad.

El miedo avanza; ese fantasma es el dueño de mi mente: me acecha, me provoca, estoy inestable, y no sé manejarlo. El temor real de volver a sufrir se adueña de cada minuto en mi mente y en mi cuerpo; complica mi respiración, acelera el ritmo cardíaco, anula las horas para el descanso, fracasan mis pensamientos. La vida se da vuelta. Busco para no caer; me esfuerzo, sin descripción puntual de nada.

Indago, muy dentro de mí, la posibilidad de convencerme de que esta nueva crisis no va a ser parecida a ninguna de las anteriores. No tengo más capacidad para el sufrimiento. En este aprendizaje, hay una nueva parte para incorporar. Es saber que el dolor crónico es una enfermedad con la que se debe convivir por el resto de la vida, con períodos de continuidad o en forma intermitente.

Y, como cualquier patología de estas características, tiene picos de alivio, o momentos cuando el flagelo provoca tristeza, depresión; altera las horas del sueño; y convoca en sintonía al sufrimiento. Tengo que lograr el equilibrio para que el disfrute ocupe espacio, e ir al encuentro paciente de la mejoría. Pero es difícil: creía que tenía mejor entrenamiento para atravesar una crisis, pero es mucho lo que el dolor crónico abarca, y no sé cómo enfrentarlo. Me enojo con este y conmigo, con el entorno y con los médicos. Con los que me acompañan. Me vuelvo intolerable, y hago el recorrido inverso; quedo atrapada en este círculo que me desgasta. El gasto físico es enorme, pero el emocional lo triplica. Cuesta que la memoria no retroceda estancándose en esos espacios que tantas veces desplazaron mis ganas de vivir y me colapsa en angustia.

Más allá de lo aprendido, de los años que he trabajado para saber que el dolor crónico es de batalla diaria y sin final, cuando me da descanso, creo que nunca más va a volver, que los síntomas conocidos han quedado en archivos guardados. Posiblemente, debe de haber un mecanismo donde la mente aísle los recuerdos dolorosos, aquellos que tanto me han cambiado en la vida.

Este recorrido tiene altibajos, en los cuales los médicos deben tener el reparo de contarnos la información que necesitamos y, sobre todo, sostenernos, para no sentir que otra vez lo peor aparecerá. Cuando los que están cerca quedan y entienden que el retorno del dolor hace presente lo vivido, el círculo vuelve a comenzar. Casi como al principio, cada fantasma se apodera de mi mente redoblando los pensamientos trágicos. Y otra vez pierdo el rumbo, y otra vez no puedo.

El lugar ocupado por el dolor físico quiebra el alma, las emociones se apagan, y los miedos se hacen dueños de todo. Cada día es una batalla inapelable.

La parte de la que pocos hablan

Cuando esta cadena histórica del dolor comienza, cuando los tratamientos abruman, las cirugías, las imposibilidades, cuando el dolor se va acomodando casi como en telaraña, nos va sacando ese espacio que la vida misma debe ocupar. Cuando los días empiezan con dolor y terminan de igual forma, hay un sentimiento, una situación que, tristemente, se hace cómplice; el lazo para tomar lugar protagónico se incrementa; no pide permiso y avanza. Esta compañera llamada "soledad" hace buena combinación con lo peor del dolor. Se convierte en amiga, y no nos abandona, más allá del entorno, más allá de los libros, de una película, de la fe que se acrecienta en los rezos.

A veces los que más nos quieren se alejan porque ya no se habla de otra cosa que no sea de lo que duele, de lo que se sufre, de lo que se va perdiendo, y pocos nos acompañan sin aflojar. Pocos son sostenes válidos y capaces de renunciar a sus propias necesidades y despojarse del egoísmo que los hace postergar una visita, una charla, una llamada, que pasan a ser el alimento diario, casi como cualquier medicamento que ayude a no sentir tanto dolor.

Sufría al levantarme de la cama, al sentarme en un sillón, al bañarme. Al caminar dos pasos, ya me quejaba. No podía moverme si un "¡Ay!" no salía de mí en busca de un poco aire: todo era un ahogado grito de dolor. Mis palabras eran mudas; las ganas desaparecían, y la soledad, con esa inmensa tristeza que acompaña al sufrimiento, era parte de mi rutina.

No he sufrido otras enfermedades. Mi gran dolor podía no resolverse, pero nunca iba a tener la muerte como desenlace, salvo que yo lo decidiera y, aunque suene trágico, hubo días en que no sabía cómo seguir adelante. Se entra en un lugar de sombras, donde se va perdiendo la calidad de ser mujer. Me fui convirtiendo en alguien diferente. Me miraban de otra forma, y ya no reparaba en lo que hacía, sino en cómo había pasado el día. Hacía titánicos esfuerzos para terminarlo, aun sabiendo que el próximo sería igual. Las horas se multiplicaban en soledad, y nunca encontraba momentos de distracción. (A veces creemos que lo mejor es que alguien irrumpa, que nos haga compañía, que nos escuche o que nos contenga; otras veces, no podemos ni soportarnos, ni pensar en el resto).

Hay un espacio no conocido del que se habla poco y del que se entiende menos: es el avanzado estado de soledad que acompaña, que se instala, que nos pone tristes, apáticos. En lo personal, no soy amiga de la soledad; no soy amiga de muchos tiempos en silencio. Sin embargo, el dolor tenía la capacidad de convertir todo en nada; no me dejaba pensar ni sentir. Las ganas de compartir, las ganas de programar se van; el dolor es invasivo y aleja emociones y pensamientos. Nos vuelve ariscos e intolerables, insatisfechos, demandantes. Cuando embiste, hace crisis, y se lleva todo. A veces me pregunto de dónde saqué tanta fuerza para no claudicar. Sé que mi familia, mi marido, mi hija, mis padres, mi suegra, mi hermana, mi círculo más íntimo, mis amigas y mis hermanas de la vida hicieron sostén.

Sé que el espacio terapéutico fue un pilar junto a los médicos. Pero también sé que, cuando alguno bajaba los brazos, manifestaba cansancio, impotencia, indignación, tuve que aferrarme solo a mí. En la soledad infinita del dolor, hay que encontrarse, hay que aprender a no claudicar. Muchas veces sentirme sola era lo habitual. Lo digo porque estar con el otro es una necesidad. Deseo que mis palabras sirvan de acompañamiento y que en estas encuentren refugio.

Y así es cómo cada vez nos aislamos más, porque la voluntad no alcanza, y porque el físico no da para adaptarse a los ritmos de los otros. Las horas son extensas; hay que hacer un gran recorrido para volver a descubrirnos, para saber qué cosas van a ser prioritarias para que los tiempos en agonía se acorten. Hay que buscar solo dentro de uno mismo la posibilidad de mantenerse de pie.

Cuando el dolor se vuelve inmune a todo, una respira de él, habla de él, piensa en él. Es tan difícil poner la mente en otro lugar del pensamiento que, aun sabiendo que se debe escapar, la condena es diaria: se ven las mismas paredes, los mismos colores; se desconocen los sabores, la concentración, y los hábitos se van perdiendo. Nada ocupa el tiempo necesario y persistente como para sacarnos de su encadenamiento. Cuando se entra en el laberinto del dolor, una se desmorona y con este se produce el arrebato en lo simple, en lo diario, en lo social, en lo afectivo, lo básico. Aquello que se cree normal se hace imposible.

Simplemente, te necesito. Los necesitamos...

Más allá de mi experiencia, he convivido con los dolores de los otros: muchos físicos y muchos del alma. Y sé que, combinados, juegan de la peor forma. He visto esos sufrimientos ajenos que han sido, en algunos casos, más terribles que el mío. Y, más allá de que no pasaba por los mejores tiempos, sabía que lo más generoso que podía hacer por quien sufría era estar. Hoy, pasado mucho tiempo, esto se acentúa en mí, me marca el camino. Me explica cuando a veces me pregunto muchas cosas; siempre la respuesta es ESTAR, acompañar, explicar, dar un gesto que repare tanto dolor. Por eso es necesario que se sepa que los enfermos, los que sufren, los que están tristes, los que están solos, los que padecen necesitan siempre compañía, una mano que acaricie, una palabra que dé esperanza, y la paciencia infinita de aquellos que tengan la capacidad de escucharlos. Aunque el tema sea el dolor.

Sepan que…

Cuando DUELE, no se puede hablar de ninguna otra cosa, no se piensa en otra forma; parece incomprensible, pero es así. No tiene otra explicación: El DOLOR, DUELE, Y EL DOLOR es PRESENTE: NO CONOCE OTROS TIEMPOS.

Quienes están transitando este período deben buscar algo que los conecte con la vida. LA ESPERA de cualquier posibilidad distinta al infierno en que se vive puede dar lugar al mínimo espacio de esperanza.

Los que sufren se sienten MUY SOLOS: así me he sentido. Hay una grieta que abre la soledad, que difícilmente se puede reparar.

Para muchos, mis palabras serán exageradas, pero les aseguro que ninguna tiene recargos extra. Acompañar en el dolor es lo más generoso y valorado. Es dar y recibir. El dolor nos enseña el camino hacia la verdadera dignidad; nos enseña que la comprensión debe ser una de las actitudes que debemos maximizar.

Quien sufre espera.

Quien está solo necesita.

Muchas veces, quien entra en la enfermedad física o del espíritu no encuentra camino de salida.

Nunca tenemos derecho a juzgar a quien no elige, a quien lucha a su forma, aun con pocas coincidencias con las nuestras.

En las situaciones más traumáticas y menos pensadas, ninguno de nosotros tiene libreto para seguir. Fácil es dar consejos, recomendar, dar soluciones mágicas, o creer que el otro se rinde hundiéndose en un mundo lleno de espanto, con lenguaje desconocido, gestos adustos, carencia de sonrisas. Esto pasa, es así: muchos tratan de interpretar ocupando lugares comunes, espacios vacíos, con intención de ayuda, pero fracasan.

Es de remarcar que la comprensión puede salvarnos de nuestros peores pensamientos. Nos ayuda a no declinar; nos convoca a la vida. Comparte el flagelo, apaciguando su intensidad por momentos.

Tal vez, a aquellos que nunca han tenido padecimientos les es difícil creer en el impacto y secuelas que convierten nuestra vida en un destrozo. Debe entenderse que uno daría todo para pasar un día completo sin sufrir, un día sin pensar cómo enfrentarlo, un día sin sus limitaciones, aguardando horas diferentes en donde su ausencia (la del dolor) sea tan notable como posible.

En esta extrema soledad, aprendí a aferrarme a la frase que, como pilar, sostiene Lola, la protagonista de mi primera novela: "Se puede, siempre se puede". Por eso, más allá de que se sientan desolados, no se pierdan en lo oscuro del dolor; no crean que lo que sienten será interminable: busquen para dentro.

Hagan algo que los pueda conectar con la vida, aunque sea en un mundo de ficción; la espera es aterradora. Traten de encontrar un rescate que desconecte la mente del mundo real y les permita (aun con vagos y aislados momentos) olvidarse del dolor.

Sé que es muy difícil; sé que por momentos es impensable, pero cada uno de nosotros tiene guardado en la memoria algo que nos da placer: escriban, lean, pongan música, miren fotos, narren una historia, repasen un viaje, hagan una manualidad, busquen una actividad que, por mínima que sea, bloquee el pensamiento por un rato de tantas órdenes que solo hablan de malestar.

Como decía William Shakespeare: "El dolor que no habla gime en el corazón hasta que lo rompe".

Una vez más lo dejo que se exprese...

La ira lo desacomoda. La impaciencia es presente. La inmovilidad física invita a la movilidad del alma y de la mente. Mientras escribo, trato de descubrir que los pensamientos sean más certeros que los pasos de un caminar doloroso. La única forma de sacar la dificultad es expresarla en palabras escritas o en el decir.

La lucha, en algunos días, es más simple cuando hay quienes nos pueden oír. Las horas son lentas cuando no tenemos compañía y no hay refugio que abrace para rescatarnos. Y estamos cansados de un proceso que no cesa, que no sabe de treguas.

La radio acompaña. Un llamado (o la puerta, que se abre para recibir a alguna visita que nos saca del espacio y nos acerca a la realidad) nos complementan lo que la lentitud de nuestro mover se va robando. Nuestra imaginación no está quieta; por el contrario, dibuja situaciones, personajes y sentimientos que alguna vez cobrarán forma. En cada recaída se vuelve a aprender pero, solo cuando el padecimiento da un poco de tranquilidad, la conexión con lo mejor de nosotros reaparece.

Muchas veces pienso en los que no tienen a nadie, en aquellos que carecen de verdaderas presencias y en los que, abandonados, pasan las noches mezcladas con los días. El dolor es irremediablemente oscuro. Impulsa a buscar historias imaginarias, colores inexistentes y, ante un texto tierno, hace ancla. Otras veces conmueve, discute y, si encuentra permiso, flagela.

Hay que ser muy fuerte, mucho más de lo que tantos creen entender o suponen; la dificultad busca apego en cada rezo. La oración, como único paliativo, suaviza y trae calma. Encontrar la movilidad en la palabra nos devuelve a la vida; la mente nos da las órdenes para no aflojar y nos impulsa a un nuevo rescate. Sostener el tiempo es una agresiva tarea en donde lo diario, lo simple, el ejercicio de la voluntad nos hace más intensos y "más robles".

Lo profundo de la angustia, de un llanto que ahoga y ofrece resistencia implica poner apresuradamente en práctica el gran perdido "sentido común", aunque a este se le escapen algunas respuestas. Descartar cada hora permite llegar más rápido a la noche de la cual esperamos un sueño reparador que, a veces, lento y antipático, no llega. Cuando se está allí, hay prisa por salir a buscar el encuentro de la mejoría. Todo suma, todo hasta lo más mínimo: alguien que se preocupa y se ocupa, alguien que llama, los que son tabique en la compañía diaria, una flor que muestra un coletazo de belleza... una infusión caliente, que no solo cobija al paladar, sino que va en recorrido directo al corazón y lo reactiva. Hay que reservar energía para que los grises-oscuros se impregnen de algunos claros.

Un poco de cada sentimiento, mucho de desesperanza

Cuando comencé con los primeros dolores, no podía imaginar el final. Uno cree que, haciendo lo indicado por los médicos, el error no tiene margen, y la solución o la posibilidad de apaciguar los síntomas van a ser inmediatas.

Hasta la primera crisis intensa, no era frecuente ni válido para mí sentir desesperanza. No sé cómo pudo, pero esta fue creciendo y empezó a negociar con el dolor, y fue acompañando cada fracaso. Estoy en esos días en que la medicación no hace efecto; ya no sé qué hacer. Me desespero, y todo se vuelve turbio. No hay nada más desgarrador que no saber por dónde tengo que seguir. La falta de alternativas me limita; va aumentando mi sufrimiento, que no solo se limita a mi columna lumbar. Tengo un bloque de emociones que no encuentran salida; solo deseo que el día termine mucho más rápido que la noche (si no, se me hará eterno). La desesperanza me acompaña en cada estudio, en cada resonancia: la odio (no conozco a nadie a quien le dé placer hacerla); sus ruidos, esa quietud, los pensamientos que se van y que uno quiere traer… por eso las próximas serán en equipos abiertos: ahí es más simple.

Cada orden médica que indica algo nuevo también me produce una nueva bronca. El enojo no es buen amigo, pero me invade tantas veces… y la verdad es que no sabe cómo correrlo. Estoy enfurecida, desmesuradamente; a veces pierdo el control. Muchas veces pienso abandonar cada tratamiento dejando la medicación que, aunque, en poco grado, algo calma.

La preocupación del resto era mi bronca

"¿Cómo te sentís? ¿Cómo andás?". Odiaba que preguntaran eso. En realidad, luego comprendí que odiaba sentirme cómo me sentía. Mi dolor era quemante, lacerante; los hormigueos eran dolorosos casi siempre. Las descargas eléctricas, como si miles de agujas se clavaran bajo mis plantas de los pies, entre mis piernas, los dedos gordos. Mis manos ardían. Necesito contar una vez más todas las sensaciones que experimento en mi cuerpo. Toda mi sensibilidad está alterada, y mi mente también; era difícil pensar con claridad. Todo se mezcla, se desdibuja, o se olvida. Así funcionaba mi cabeza en estos días y en esos días. Hay situaciones que aún hoy no recuerdo; los daños cognitivos comenzaban a tomar protagonismo.

Sentía poco o nada; quedaba destruida cuando los días se sumaban y las crisis se hacían más prolongadas. Los médicos hablaban de hiperestesia (sensibilidad excesiva y dolorosa) y de hiperalgesia, que es lo extremo como dolor ante el roce de la ropa o de las sábanas. También, cuando me acercaba a un foco de calor o de extremo frío o cuando me duchaba o cuando ingresaba a la pileta, podía provocar el momento más crítico y sorpresivo.

No daba más, no podía más, e intenté bajar los brazos. Si suena reiterativa mi descripción, es la única forma que tengo para trasladar, trasmitir, difundir esto que les puede estar pasando. Como a mí me costó aceptarlo o discernirlo, seguramente, les pasará a muchas personas, sin olvidarme de las familias, de los amigos, de la gente que ayuda, de los profesionales, de tantísimos pacientes... Ser un enfermo con dolor crónico no es fácil.

EL DOLOR QUE MEJOR SE TOLERA

Un lunes como cualquier otro. La amable y reconfortante rutina matinal que con ansia aguardo semana tras semana. Atravieso casi automáticamente ese portal virtual que inmediatamente me aísla del mundo terrenal.

Alicia, como es habitual en ella, sin mediar diálogo alguno, descarga una sentencia con un tono inconfundible e imposible de ignorar: "¿Cuál es el dolor que mejor se tolera?". La frase se mantiene flotando en forma reverberante en el ambiente, consciente de que requiere una solución al acertijo para poder desvanecerse.

Golpea en forma reiterativa en la mente de cada uno de nosotros, activando circuitos enlentecidos y pesados, seguramente debido a la temprana hora de la mañana. Sin embargo, luego comienzan en forma espontánea, o meditada, solo muy superficialmente, los intentos de acierto. De cada rincón de la sala surgen respuestas de lo más disímiles, provenientes de las enfermeras circulantes, la instrumentadora, el radiólogo, los cirujanos...

Intuyo que la respuesta celosamente atesorada por Alicia escapa al ámbito científico, al ámbito racional. Percibo un dejo de picardía en el interrogante. Me recuerda a los acertijos a los que en la infancia mi tía abuela me tenía acostumbrado. Siguen los intentos que continúan rebotando con el rotundo "NO" de Alicia, disparado con una clara satisfacción triunfalista.

La lista de propuestas es, prácticamente, interminable, pero ninguna de las opciones es la correcta. Poco a poco, los participantes de este espontáneo desafío comienzan a perder las esperanzas de éxito, y una vez más resuena en el quirófano: "¿Y? ¿Nadie puede descifrar cuál es el dolor que mejor se tolera?".

Alicia reitera la apuesta mientras hábilmente, y sin perder la concentración, maneja múltiples jeringas rellenas de coloridas drogas que, en su justa y armónica combinación, serán responsables del trance farmacológico al que ingresará el paciente, quien pasivamente aguarda su turno.

Continúan los esforzados intentos por parte del público presente. El resultado: ningún acierto. Reconociendo la derrota y ante la expectativa generada, casi al unísono clamamos por la respuesta que se hace esperar... Alicia intenta contener una sonrisa para responder con la mayor seriedad posible su pregunta, que rodó por cada uno de nosotros por más de veinte minutos. Toda una eternidad. Eso es lo que marca la relatividad del tiempo en circunstancias como estas. Tanto tiempo y tan poco...

Definitivamente, su espontaneidad le juega en contra, y esa sonrisa contenida fluye repentinamente, casi como una carcajada victoriosa.

Dr. Fabián Piedimonte

DICIEMBRE, 2008

El mundo se volvía descolorido; por momentos me sentía débil: mi espíritu lo estaba. Todo me hacía ruido interrogándome si me quedaban fuerzas para seguir adelante. Ese conjunto de emociones tan paralizantes como violentas me hicieron preguntar cómo y cuándo sería mi final.

Esperando el final

El dolor físico hace ruido; se manifiesta en forma externa y nos agudiza las emociones, pero tiene algo raro: nos aísla, nos impone como consigna no comunicarnos con los otros. Sufrimos sin saber si el entorno es receptor de lo que nos pasa, si comprende lo agudo y terrible de nuestro dolor y, en igual forma, ante este, tememos ser una carga. Callamos dolor. Guardamos dolor.

Fingimos síntomas físicos y los enmascaramos para que el entorno crea que tenemos alguna mejoría, para que los de afuera no sufran por nosotros. Otras veces intentamos explicarlo, tratamos de describirlo y, desde este lugar, creemos que deben conocer la proporción del dolor. La tortura se multiplica por el dolor que sentimos y por el que creemos que los demás no comparten ni entienden. En esta situación no hay ningún acompañamiento posible. Entonces, se consolida la soledad que se vive en un mundo de dolor. Sin opción, sin propuestas, me quedo solo con mi dolor; solo de expectativas, de deseos, de sueños.

El dolor físico hace comunión con los dolores del alma; se apropia de un reino exclusivo. Persiste y hace pie solo en sí mismo, lo cual provoca la caída de la lucidez, de las trasmisiones emocionales, del equilibrio psicológico. Es el reflejo más crudo de la soledad del dolor. En este proceso de la tristeza, ella era la protagonista de mis emociones. La melancolía ejecutaba mis estados de ánimo; la disfrazaba, pero ya tenía cara exterior: mis ojos se llenaban de esta, y yo no podía ocultar todo lo que sentía.

Fuego

Implosión de ardores…

Hacían juego entre mis manos, con lugares preferidos, en las plantas de mis pies, entre mis piernas y en todos los espacios. Una larga lucha que duró más de un año; un agudo padecimiento donde el dolor era el dueño. El gramaje de la medicación aumentaba sin efecto. Mi fe claudicaba, y el aferrarme a lo tangible se hacía difícil. Las respuestas médicas se agotaban tanto como yo… como mi entorno, como mi vida, como mi pareja. Mi voluntad declinaba y no encontraba el rescate.

Odiaba el fuego, esas llamas que eran el personaje principal de mi lesión nerviosa. Pero, casi tocando el final, me puse de pie y tomé la decisión de implantarme un neuroestimulador, medida compleja, pero única alternativa. Y ardieron mi espíritu, mis ganas de volver a vivir, de recuperar parte de lo perdido. Aposté y creí. Me acompañaron más que nunca. Los míos me ayudaron a encontrar el camino que ahogó el ardor definitivo de mi cuerpo y lo convirtió en calor, en fuente de vida.

Y otra vez mi historia.

Tanto dolor que se convirtió en amor…

Y así es cómo me sale, cómo puedo seguir...

Acá
pienso,
redescubro,
recorro (en silencio)
cada recuerdo, cada momento.

Más que nunca escribo,
más que nunca siento.

Si pensaban que me caía…
no me conocen.
Aun en la estricta soledad,
donde la angustia y el dolor
son dueños,
la vida me sigue mostrando
que no hay nada mejor
que vivir,
seguir viviendo.

A veces, caigo; otras, levanto vuelo...

A veces, cuando siento que vuelvo a perderme en las oscuridades más profundas, donde mis pensamientos se aferran a lugares equivocados, a sensaciones tan ocultas como desagradables, buceo en mí con gran esfuerzo hasta encontrarme. Y aparezco: vuelven el color y la sonrisa, y los ojos nublados recobran un poco de ese brillo empañado de tantas lágrimas. Lucho para que nada dure demasiado; me aferro a lo tangible, a lo que me hace bien. Dejo de flagelar esos lugares de mi alma y de mi mente maltratada que, con el paso de años interminables, jugaron a aceptar el dolor, el miedo, el descontrol, el descontento, mi propio desconocimiento, mi pérdida de razón y de emoción. En esta guerra intensa a gritos donde siempre creo que soy la única enemiga de mi propia vida, descubro que una fuerza poderosa sigue viviendo en mí y me salva; me enfrenta a la mirada del espejo como buen recurso de rescate terapéutico, siguiendo el consejo, sorprendida, atónita. No soy la de antes: esta que se refleja en el espejo es distinta, más armada, más pausada, más sólida, coherente (hay que vencer al miedo), aun en la lucha más temeraria, donde la inquietud deja lugar a la claridad del alma.

Las sombras empiezan a desaparecer; un poco de luz dibuja mi silueta, protegiéndola de tanta incertidumbre, y es entonces cuando empiezo a descubrir lo bello que me da mi fortaleza, la intención de mejorar, de vivir con más disfrute y sin tanto daño. A partir de entonces, en el momento justo, después de que la tormenta pasa dejando huellas que los nuevos vientos van borrando, me sostengo, me aferro, me abrazo, me cuido, me refugio, y solo pienso que este nuevo miedo es un intento macabro de aniquilar todo para que no vuelva a ser el primero, sino el último.

Me acuesto para terminar el día; rezo para cerrarlo y pienso en las cosas que me esperan mañana y trato, solo trato, de organizar algo, sabiendo que, al levantarme, la fuerza se restablecerá en mí y me permitirá estar nuevamente en el lugar que corresponde.

Algo mejor se avecinaba

Después de la cirugía donde se descubrió la lesión nerviosa severa, ya habíamos empezado a hablar con mi neurocirujano de la posibilidad de implantar un neuroestimulador. "Hay un aparatito —me dijo— que da muy buenos resultados, y me parece que deberías empezar a evaluarlo".

Me acuerdo de que lo habló con mi marido, Edgardo, y fue él quien empezó a interiorizarse en el tema. Yo, casi ajena o negada, ni siquiera quería recibir información. Más allá de toda la folletería recibida, me aterraba pensar solo en volver a ingresar al quirófano, a estar internada, a una nueva recuperación. Muy por arriba, alguna vez consulté de qué se trataba, y lo manifestado era algo aparentemente simple, pero incomprendido por mí, o rechazado.

Una vez, Jorge (mi médico) me dijo: "Sola, vas a tomar la decisión de ponértelo; va a decantar. No podés seguir así". Y no se equivocó: los días empezaron con una acentuada decadencia, los dolores en aumento, la aparición de lo neuropático, las dificultades sexuales, las de rutina. Ya no podía estar sentada demasiado tiempo, ni levantada. No manejaba. Empecé a caminar con bastón; no podía ir a cenar, al cine, a una fiesta, al supermercado. Era cada vez menos de mucho.

La insensibilidad y la falta de fuerza progresaban tras tantas crisis de dolor; lo muscular agonizaba porque, al no moverme más, se complicaba. No sé cómo se mide el umbral del dolor: el mío era demasiado alto. Había comenzado con estados nauseosos, y muchas veces, ante la intensidad, creí que iba a descomponerme. Igualmente, hacía extremos esfuerzos: me ponía a prueba, suponiendo que podría caminar unas cuadras, ir a una comida, disfrutar de algo. Yo, un ser tan aferrado a la vida, iba cayendo en el convencimiento de que ya no tenía valor vivirla.

Una noche fui casi obligada a una cena-fiesta de fin de año, solo a pedido de mi amiga Liliana. Ni pensar en mantenerme sentada, de pie o bailando. Nos sentamos a la mesa junto a otra gente: algunos muy conocidos y otros a quienes veía por primera vez. Estar sentada por casi tres horas fue aterrador; no encontraba una posición cómoda. Me levanté de esa silla cuantas veces pude, ayudada por mi bastón y, más allá del maquillaje, de haber ido a la peluquería y de haber elegido cuidadosamente qué ponerme, no pude disfrutar de un solo momento en esa noche. Supongo que quienes me vieron se dieron cuenta de mi dolor. En un momento de la reunión, alguien le preguntó a Liliana qué me estaba pasando, y ella le relató lo que estaba padeciendo. Esta persona estaba relacionada con la medicina y, puntualmente, con el tema del dolor. Entonces, le dio el nombre de un médico para consultar, un neurocirujano funcional que se dedicaba específicamente al dolor y a la neuroestimulación. Haciendo siempre acotados sus comentarios y buscando el momento justo, me lo dijo al salir. Yo estaba partida: casi no lo recuerdo. Solo quería regresar a mi casa; estaba en plena crisis aguda punzante, y pensé que me iba a ir del lugar en ambulancia. Volví temprano.

El domingo, Lili me insistió en que hiciera esta nueva consulta. En esos años había probado todo lo conocido: analgésicos, opiáceos, derivados de la morfina, anticonvulsivantes en mezclas con antidepresivos, medicación utilizada para la epilepsia que se usaba paralelamente para el dolor, bloqueos, drogas para el dolor neuropático… no había nada que perder. No tenía esperanzas… me daba igual. ¿Qué posibilidad de creer, después de haber confiado tantas veces, de haber realizado todo lo indicado, sin éxito?

Si pedía un turno, era un poco para conformar a los otros, a pedido de mi familia y de mis amigos. Mis amigas me acompañaban; todas me ayudaron. Querían verme mejor y, de ser posible, volver a ver a quien había sido. Cada una, aun desde la distancia, en cada llamada, me pedían: "Lo tenés que hacer; no podés seguir así". Todas mis amigas ocuparon lugares muy importantes en estos meses decisivos. Mi hija, Agostina, y mi marido me pedían, sin exigencias, que evaluara esa nueva alternativa. No tenía resto para escucharlos. Solo a veces, en mi intimidad y ante la soledad de mis reflexiones, sabía que algo debía hacer. Sabía que, o buscaba algo, o moría: el extremo dolor me iba matando. Finalmente, tomé la decisión y, antes de solicitar la consulta, llamé al doctor Shilton (de quien ya te hablé), para escuchar su opinión.

La verdad, entre las cosas olvidadas, nunca pude recordar que él ya me había aconsejado buscar la opinión del doctor Fabián Piedimonte. Todos los detalles de mi caso fueron descriptos con anticipación por el doctor Shilton. Así, el doctor Piedimonte, antes de mi llegada, ya conocía la gravedad de mi padecimiento.

Estaba desesperada; evaluamos con mi marido asistir juntos. Pero decidimos que fuera con mi amiga médica. Sabiendo de su profesionalismo, su seriedad, sus conocimientos y su enorme cariño eran la mejor opción para una primera consulta. Concurrí resignada. Llegamos esa tarde; el consultorio estaba colapsado: había mucho más dolor y más enfermedad que la que imaginaba. Me sentí abrumada, y pensé que lo mío era menor frente a todo lo que veía.

Al rato ingresamos. Lo primero que me impactó fue el respeto y admiración que el doctor Piedimonte tenía por el doctor Shilton. A veces estas consideraciones no son habituales, pero en él se hacían manifiestas. Empecé a relatarle mi historia para agregar información a la que ya tenía. En esa entrevista, tuve que hacer un gran esfuerzo para entender algunas de las preguntas que el doctor me hacía. No sabía si mi alto nivel de medicación hacía compleja la comprensión, o el temor tapaba mi razonamiento. No quería saber (estaba aterrada). Tenía una vaga información sobre los neuroestimuladores: la había recibido hacía más de un año cuando se había evaluado la posibilidad de su implante. La charla consistió en un interrogatorio de síntomas, aclarar dudas, conocer beneficios, contraindicaciones, las expectativas de vida y saber en qué consistía una nueva y maldita vez de ingreso al quirófano. Yo solo quería saber si no me iba a doler más, y ese "más" se cerró con un contundente "Vas a tener 50% menos de dolor si todo sale bien y respondés al tratamiento". Para mí, eso fue lo único importante. El tema era cómo volver a creer en alguien, cómo confiar. Había que trabajar sobre esto sabiendo que no era tarea simple.

* * *

Nos fuimos; llovía mucho. Quedamos en la posibilidad de volver a vernos para una nueva consulta. Subimos al auto, y llamé a mi marido para contarle. Al rato paramos a tomar algo: no habíamos almorzado, y yo necesitaba con urgencia repasar y ordenar tanta información. Tenía casi la necesidad extrema de que mi amiga volviera a explicarme lo que no había entendido por desconocimiento, por negación o por miedo. Esa tarde, ella creyó que la posibilidad era alentadora y que, si bien la decisión era solo mía, no teníamos muchas más opciones (mejor dicho, ninguna).

Estaba colapsada; sabía que no podía negarme… lo que no sabía era si iba a poder. Llamé a Emilia, mi terapeuta; hablamos largo rato y concertamos una sesión de urgencia para el otro día. Existía la posibilidad de verla esa misma tarde, pero estaba exhausta: quería dormir y despertarme, y que todo ya hubiera terminado exitosamente. Pero había mucho por recorrer. Y solo pensaba en cómo no afrontarlo, en cómo hacerlo sin tener que pasarlo realmente.

Hablé esa noche en la cena con mi familia; la verdad, nunca ejercieron presión, sino al contrario: tenían la certeza de que solo yo lograría saber qué hacer. Mi hija me daba aliento y argumentaba que no podía seguir en esas condiciones; mi marido, más cauteloso, aunque con el mismo sentimiento, tomó sus recaudos.

PRIMERA CONSULTA

El dolor habla a través de la mirada, de los gestos... No es necesaria la verbalización para interpretar el dolor ajeno: este fluye de mil formas, pidiendo desesperadamente ayuda.

Ingresó lentamente con evidente dificultad motora para desplazarse. Con movimientos restringidos, cuidadosos, meticulosamente previstos, como intentando evitar que algo se rompiera dentro de su ser.

Se sentó frente a mí, intentando gradualmente lograr la óptima coincidencia entre la silla y su maltratada anatomía. Se la notaba físicamente incómoda. Su expresión lejana traducía una combinación de desesperanza, abatimiento, frustración, con el deletéreo efecto químico de los medicamentos sobre su consciencia.

Las palabras estaban de más; su cuerpo expresaba, fluida y claramente, el sufrimiento, cuyo origen, prácticamente, se perdía en el pasado. El golf, las caminatas, la verdadera vida eran solo recuerdos, desordenadas fotografías en blanco y negro.

Dr. Fabián Piedimonte

Una angustia inexplicable

Entrevista con la anestesista

A la semana siguiente, solicité un nuevo turno, y esta vez fui con mi marido a la consulta. Esa misma tarde, lo definimos. Nos miramos un momento cuando el doctor se ausentó del consultorio unos minutos, los suficientes para saber que, como siempre, esto era de los dos. Me acuerdo de que fueron pocas palabras y el entendimiento de tantos años compartidos. Él me ayudó a expresar la decisión que cada uno íntimamente había tomado.

Cuando el doctor se sentó en su escritorio, le dije: "Ya está; ¿cuándo lo hacemos?". Me miró, y expresó: "Ojalá te cambie la vida. Ojalá estés dentro del porcentaje de pacientes a quienes les ha dado el mejor resultado".

Estudios simples, radiografías, trámites, análisis siguieron el camino hasta la elección del día. Entonces, me hostigaron muchas preguntas. Mis dudas relacionadas con el tema médico fueron contestadas con claridad, más allá de que uno aprende que, en medicina, "a veces uno más uno no es dos". Hay un saldo que es la eventualidad, el secreto profesional o el cubrirse sin dar expectativas, lo que también puede generar dudas. No había mucho tiempo y necesitaba estar más segura, más confiada, más tranquila; aplacar el miedo; volver a confiar.

Pedí una entrevista con el anestesista. En este caso, era una doctora: Alicia Marra, con quien hablamos largamente de mis temores, de mis experiencias, de la inexplicable angustia que me daba perder el control. La charla fue menos formal que lo esperado, lo cual me generó más confianza. Hablamos sobre la música para escuchar ese día, cómo dejar la medicación para despejar mi sangre y mi sistema nervioso central. Me comentó que, en la primera intervención, me iban a despertar y debía contestar si sentía dolor, qué sentía y dónde. Esta parte del procedimiento era lo que más me inquietaba. Después, conversamos sobre gustos personales, música, viajes, mi placer por escribir, y qué necesidades quería tener cubiertas ese día. La prioridad era, sin duda, no estar sola en el momento de despertar.

En general, si no establezco un vínculo, aunque sea momentáneo, con quien va a hacerse dueño de ese rato de mi vida, no me siento cómoda. Me gusta que el otro sepa quién soy, qué pienso y, sobre todo, cuáles son mis emociones. Me genera inquietud que no sean claros, que no me den detalles, o que me minimicen. Esto no pasó: Alicia me mostró claramente que ella iba a hacer, profesional y humanamente, lo mejor, pero la otra gran parte dependía de mí. Pactamos cómo dormirme: elegimos la música (Luciano Pavarotti, un lujo, el más grande). Ella vendría un rato antes de entrar al quirófano. Y cumplió todo al pie de la letra. Yo también.

Había algo que no sabía cómo solucionar, y necesitaba más garantías: la presencia de mi neurocirujano de cabecera. No era un tema fácil para resolver. En general, los profesionales son celosos de sus espacios, de su lugar en el quirófano. Pero no hubo problemas: para el doctor Piedimonte, era un orgullo estar acompañado por el doctor Shilton, que tuvo un gesto de extrema generosidad y de compromiso con mi persona. Un hombre de su prestigio, a mi pedido y sin honorarios. Es bueno destacarlo; es bueno que se sepa que hay mucha gente que sigue amando la medicina por vocación, que sigue pactando con la palabra. Esto nos da aliento, nos permite volver a confiar. Es bueno tener intacta la esperanza de saber que siguen existiendo la ética, los valores y el amor por lo que se hace.

2009

Desde la caída de la silla y la primera cirugía hasta hoy, pasaron muchos momentos. Tantas veces agobiada, me preguntaba: "¿Hasta cuándo?". Cuando se generaban las dudas de cómo sería el resultado, cómo convivir, cómo no perder la fe, trataba de mirarme y entender que así no podía seguir. Era un nuevo proceso de aprendizaje, en el cual otra vez mi fortaleza y mis ganas debían estar en juego.

Confiar

Falta poco. La decisión está tomada, pero por momentos me atormenta pensar si fracasa, si alguna complicación puede hacer eco, si el solo prepararme para entrar a este lugar será, finalmente, la última vez. Pero, si no freno acá, el padecimiento va a ser mayor; lo físico, sin duda, ya lo es, pero lo anímico también empieza a decaer. Debo aferrarme a mi fortaleza, pero también a mi inteligencia. Debo aferrarme a mi fe, pero también a lo racional. Mediante esa ecuación, posiblemente, encuentre más sostén; puedo encontrar en cada pregunta una respuesta que reste, o bien una que me haga más sólida… depende de mí, de lo positiva que sea y de lo lúcida que esté.

Lo más rescatable es que en alguien, o en muchos, puedo volver a confiar, dejando atrás ese pasado lleno de errores que hoy me acercan a este presente. Si no me aferro a lo tangible, a la gente que no me falló, a quienes desean para mí lo mejor con una gran cuota de generosidad… si a eso no le sumo mis indiscutidas ganas de salir del espanto y a mi deseo de que otra vez voy a poder, me desplomo, me dejo caer y, seguramente, mi destino va a ser otro.

Nadie me va a convencer, porque nadie quiere hacerlo mostrando tomar mi decisión como fácil. Yo debo estar convencida: no hay otra opción. Mi marido es mi mayor sostén. Estamos juntos en esta batalla. Acepto este privilegio que me dio la vida. Lo valoro desde lo más íntimo. No son menores, por cierto, la ayuda, el apoyo incondicional de quienes me brindan la fuerza para confiar en esta nueva salida, ya que volver a creer después de tantos fracasos no es fácil.

Somos un equipo

Hoy confío en Emilia,
así como confío en Liliana,
en Shilton
y en Piedimonte.
Porque, para mí, HOY,
la ecuación da.
Confío en Emilia,
que es Liliana,
que es Shilton
y
que es Piedimonte.

El implante del neuroestimulador medular

El 23 de abril de 2009, se fijó la fecha. Por estricto pedido médico, unos pocos irían a la cirugía, y la prohibición de las visitas se estableció para las primeras cuarenta y ocho horas. Tenía que estar tranquila para recuperarme de esta intervención, ya que ingresaría a los pocos días a implantarme el neuroestimulador definitivo, si los resultados eran satisfactorios.

Además, es importante estar serena: a mí me altera mucho la anestesia. Me encantan las visitas, pero aprendí que es mejor que sean pocas, porque los más cercanos sufren mucho estrés ante una situación como esta, y también necesitan descanso. Lo social debe dejarse para más adelante.

Me fui preparando: compré mis camisones (esta vez fue mi hija, porque yo ya no tenía resto). Aunque el detalle parezca frívolo, los camisones deben ser de seda para cuando hay que girar en bloque en la cama. Esto ayuda a no hacer fuerza (los de algodón hacen freno con las sábanas y reducen la movilidad); no tienen que tener mangas o pueden ser de mangas cortas. Como a veces se siente frío luego de la cirugía, es conveniente llevar una bata.

Me interné temprano en una sala previa. Estaba como ausente y con miedo. Sabía que no había vuelta atrás. Pero, al rato de estar internada y en espera, me va invadiendo una clara tranquilidad que nada tiene que ver con la resignación. Sé que es el mejor momento para entregarme, para comunicarme solo conmigo. Hago ese ejercicio para el adentro: la calma me va acompañando.

Mi marido tiene esa habilidad de mostrarme que todo va a estar bien. Por un largo rato deja sus miedos y me despide siempre con un "Te voy a estar esperando". Me besa, me contiene y solo después, cuando me voy, deja espacio para su preocupación. Mi hija es fuerte y, desde chica, convivió con lo que me pasaba. Yo creía que sentía cada nueva cirugía como un nuevo daño o abandono. Hace poco, en una charla profunda, me explicó que nada de esto le había sucedido, sino que, por el contrario, lo vivía con naturalidad, sintiendo admiración por mi lucha, por haberme mantenido entera haciendo más de lo que podía, sin abandonarla. Solo recuerda que, los últimos meses antes del implante, mi decaimiento era notable.

Mis papás y mi hermana, toda la familia Preiti Vazquez, junto con mis amigas, compartieron la angustia y temor de ese día. Todos hicieron un bloque único envuelto en oraciones y deseos para que el resultado fuera el mejor.

Ya están todos...

Llegó el Dr. Fabián Piedimonte, quien nuevamente me generó confianza. Hablamos un rato, y me pregunto cómo estaba (era difícil definirlo). Vino Alicia, la anestesista, también para saber cómo me sentía. Las enfermeras hicieron la rutina: baño previo, chequeo de pulso y presión… lo de siempre. Todo estaba en orden. Luego pasó el doctor Shilton antes de prepararse para el quirófano. Mi terapeuta, Emilia, con quien caminamos juntas esta ruta, iría al fin del día: era lo que yo necesitaba.

Y entré. Fue muy fuerte, conmovedor. Me inundó toda la sensación de que sí valía la pena, de que sí sería capaz.

Entré…

Ahora me es difícil contar cómo fue ese día.

El miedo también había llegado... de todos modos, sigo...

¿Por qué tanta inquietud?
¿Por dónde pasa tanto miedo?
¿Qué se disparó de golpe?
¿Qué sensación irrenunciable me avanza
(no se apiada de mí)
y me atrapa?
No me deja salida,
lacera cada parte de mi mente,
me lleva a lugares descontrolados,
donde el cuerpo no accede,
pero sí el alma.
¿Dónde está el camino,
dónde está lo que aprendí?
¿Dónde está la salida?
No la encuentro.

Caigo,
me lastimo,
sufro,
lloro.

Otra anestesia

Era el 23 de abril de 2009. A primera hora se acercó a mí casi al oído, y me avisó que era el día en que se me daría una solución, un camino abierto, un cambio que se aproximaba para siempre. Lo primero era que había que volver a entrar, y después había que volver a anestesiarse.

Como conté antes, a la anestesista, Alicia, la conocí unas semanas previas a la operación Con ella mantuve una larga charla, suelta, fresca, sin datos técnicos, solo sabiendo que ambas debíamos conocernos. Le había hablado de mis miedos, de las veces que había ingresado al quirófano, de la ansiedad que me provocaba despertarme sola sin caras conocidas, de las horas posteriores cuando, en general, algún efecto colateral se hacía presente y molesto. Esa rara sensación donde uno pierde el control y la noción del tiempo… Las agujas, los sueros, el frío, la excesiva luz, ese olor particular, la gente, voces que se mezclan, metales, vías, instrumental que hace ruido al comienzo.

Alicia me escuchó, y me dijo que nada podía evitar que yo entrara, y que yo era la que ponía mi cuerpo. Lo que sí tenía que saber era que ella siempre trataba de hacer lo mejor, más allá de los riesgos conocidos y de los imponderables. Era importante que estuviera lo más serena, lo más confiada y que, aunque me pareciera tonto, un buen despertar depende de cómo uno se duerma.

Me miró, y me dijo: "Yo, a la mañana temprano, voy a verte y, si creo que no podés, que estás muy nerviosa o con mucho miedo, suspendo, y listo. No será la primera vez. Me ha pasado con otros pacientes. Porque, después, sos vos la que peor pasa estos momentos, y esa no es la idea".

Yo ya había vivido esto en otras cirugías. Sabía que, cuando logro entregarme dejando los miedos, siento con convicción que ya estoy en manos de Dios. Comprendo que la decisión es la correcta, que los profesionales son los elegidos, y sé que con esta cirugía encontraré el mejor resultado. Si logro dormirme con calma, me despierto casi sin problemas.

Es una sensación íntima y personal difícil de transferir. Pero me ha pasado; es casi un inexplicable movimiento respiratorio, en donde la garganta se seca, la boca del estómago se repliega, se busca aire, el alma se abre, la mente se pone transparente y algo dice: "Sí".

La mayoría de las veces, cuando ya estoy sobre la camilla por entrar al ascensor que me llevará a destino, me calmo. Los que me acompañan, los más íntimos, ponen caras disfrazadas de tranquilidad, aunque sus gestos muestran la angustia que ya conozco.

Es entonces cuando les sonrío, los aquieto, y tomo una gran bocanada de vida para bajar las pulsaciones que a mí y a ellos nos sacuden. Y les digo: "Espérenme, que vuelvo". Me dan un beso, y mi marido es el último en hacerlo (ese orden preestablecido se respeta). La puerta del ascensor se cierra mientras él, siempre en voz baja, casi como en un secreto compartido, me dice: "¡Te voy a estar esperando!". Entonces, me distiendo y charlo con el camillero. Trato de rezar; empiezo a sentir que me entrego. Todo está listo.

* * *

Esa tarde de abril, se cumplió lo pactado: una mínima aguja atravesó mi vena sin dolor. ("Pediátrica —me dijo Alicia—, para que no la sientas; después te la cambio"). El primer tema de Pavarotti empezó a recorrer mis oídos mientras Alicia, con sus relatos, me llevó a la costa amalfitana, a Positano y a Sorrento. Con la vista nublada, le di la mano al doctor Piedimonte. "Que Dios te bendiga", le dije, y él aferró la mía con contención, inspirándome confianza. Sin decirme nada, entendí que el desafío era grande, tan parecido a su experiencia y a su entrega. Estaba convencida de que implantarme con él era la mejor posibilidad. Y así fue. Confié. En ese momento tan agudo, sentí la seguridad que me permitió empezar a creer que el sueño del no dolor estaba por llegar. El doctor Shilton fue el último en saludarme con un beso en la frente. Y empezó la cirugía.

No sé cuánto tiempo pasó. Me despertaron. Alicia me tomaba de las manos, me las acariciaba para tranquilizarme. Abrí los ojos, y solo vi su rostro. Estaba boca abajo en la camilla con mis brazos extendidos hacia delante. Escuché la voz de Piedimonte y fui respondiendo a sus preguntas. Una sensación agradable se empezaba a sentir sobre cada lugar de mi anatomía que antes solo cargaba dolor. Se percibían los primeros hormigueos en las zonas afectadas. Mis respuestas le iban permitiendo modificar la intensidad de los estímulos y la amplitud a cubrir, para abarcar las zonas afectadas por mi lesión nerviosa. Es un procedimiento complejo de entender para mí, ya que uno contesta a lo que los médicos preguntan; no se siente el dolor de la herida abierta y sí se pueden describir las diferentes sensaciones que van recorriendo el cuerpo.

Luego me anestesiaron o me durmieron otra vez y, cuando me desperté, estaban Alicia, tal cual había sido mi pedido; Piedimonte, cerca; Shilton, yéndose a tranquilizar a mi familia; y otros médicos del equipo. Todos habían cumplido la tarea; yo solo quería volver a estar con los míos: era lo que más deseaba. Lo peor ya había pasado. Y lo imposible de creer empezaba: no tenía dolor. Casi un milagro.

La primera etapa estaba cumplida. Quedaban los días a prueba, mi respuesta y la decisión del implante definitivo. Después de cuatro días se concretó.

Mi invitado estaba a prueba...

En esos días de internación, conviví con el neuroestimulador; no tenía dolor: nadie podía creerlo. Me levantaba, caminaba por el cuarto, no tomaba medicación, aun teniéndola indicada. Más allá de tener los dolores puntuales de la herida, no necesitaba calmantes. El neuroestimulador estaba cumpliendo ampliamente las expectativas; era tan distinto el no dolor, tan distinto… que me acuerdo y me emociono. No puedo evitarlo.

Un domingo diferente

Ese domingo amanecí diferente; me sentía rara. Empecé a ponerme tensa; no quería volver a entrar al quirófano. Comencé a angustiarme, lo que me generó querer desistir y no padecer otra cirugía. Esto bloqueaba mi mente, mis fuerzas y mi voluntad, aun sabiendo que era el último tramo.

Hubo horas del final del día en que se agudizó mi angustia; el miedo se instaló en mi habitación. Muchas visitas me acompañaron y trataron de despejarme la mente. Más allá de mi agradecimiento, ya no tenía ganas de ver a nadie. Estaba inquieta; la incertidumbre aparecía en mis pensamientos. Cuanto más rápido se cerraba la noche, más rápido se cerraba mi mente. No podía relajarme ni entender que no había ninguna otra forma de terminar el procedimiento quirúrgico. Me tenían que implantar el neuroestimulador en forma definitiva, y yo solo tenía que implantarme la idea de que debía hacerlo convencida y serena para entrar al quirófano.

Ingresar en esa forma sería contraproducente, y lo fue. Es algo instintivo: se presiente que todo va a salir bien o que algo va a fallar. Y, entonces, el miedo vuelve a tomar protagonismo.

Después de haber cenado, ya todos se habían retirado, salvo Edgardo que, a pesar de su extremo cansancio, me sostenía transmitiéndome su fortaleza.

—Bueno, Marce, mañana se termina esto. Vas a ver, gordi: después vamos a empezar otra etapa. Falta poco.

—Gordo, no quiero.

—¿No querés qué?

—Entrar otra vez; tengo miedo.

—Pero tenés que entrar; quedate tranquila: es un poco más.

—Más no puedo. Estoy agotada; no tengo más fuerzas, ni más ganas; no sé de dónde voy a rescatar si algo queda.

—Vas a poder; siempre podés. Ya falta menos.

Me dio un beso, me acarició la cabeza, y trató de no quebrarse. Él siempre se mantiene sólido, es positivo. Tiene una capacidad genuina de trasmitir calma cuando hace falta y fe cuando creo perderla. Me abraza el alma, aunque no me esté abrazando. Me mira con estrecha confianza y me cobija hasta hacerme sentir que casi entra conmigo al quirófano.

Siempre cerca, compañero de ruta impecable, generoso, paciente, contenedor. Siempre digo que volvería a casarme con él, sin dudarlo y, después de estos diez años de tanta lucha, más aún lo reelijo. Y cuánto le agradezco… Es el hombre de mi vida, sin dudarlo, pero, además, es el compañero de esta historia de cada día compartido y de este hoy después de 29 años.

* * *

Golpearon la puerta: Era Emilia que, para no dejar de sorprenderme, apareció esa noche.

—Emilia, pase.

—Perdón por la hora.

—Si usted dice que viene, sé que viene: nunca falta a su palabra.

Edgardo quiso salir para dejarnos sola.

—No hace falta —intervino Emilia—; quédese. Esto es de todos.

Charlamos, hablamos del futuro, de la posibilidad de una vida mejor con más disfrute y Edgardo manifestó su deseo profundo de que eso fuera cierto y pronto. Empezamos a dibujar un viaje; todo era en función de distenderme pero, así y todo, no lo lograba.

Luego, no sé quién llamó, y mi marido salió del cuarto por unos minutos. La miré a Emilia y le expresé que me moría de miedo.

—Emilia…

—¿Qué pasa, Marcela?

—No puedo, no quiero.

—Nadie quiere, pero tiene que hacerlo; no voy a mentirle y decirle: "Nunca más", porque una vez lo dije, y no se pudo. Pero usted tiene fortaleza: es mucho más fuerte de lo que cree. Claro que va a poder.

—Pero no quiero; tengo miedo. No quiero ingresar de nuevo; no doy más. No sé de dónde sacar un poco, un poco de algo que me tranquilice, que me ayude, que me convenza. Estoy cansada, físicamente, sin duda, pero hablo de otra cosa: usted me entiende.

—Ya lo sé, Marcela, pero va a poder; usted sabe que va a poder.

Me tomó de la mano con ternura; su mirada me trasmitía la enorme voluntad de calmarme. No pude, no hubo forma. Mi mente y mis emociones ejercían resistencia.

—Sí, Emilia pero, si pudiera, saldría corriendo. No quiero más, no puedo más. ¿No me entiende?

—Sí, pero tenemos que buscar la forma de que se serene; si no, es peor: usted lo sabe. Tiene que descansar, tiene que dormir; mañana va a estar más tranquila.

Emilia siempre tiene las palabras justas. Era yo quien no podía escucharlas… ni las suyas, ni las de nadie. Se me cerraba la garganta. Me puse a llorar y me angustié como esta noche, cuando recuerdo y escribo. Siento la misma angustia. Si no tuviera la certeza de que a muchos este libro va a sostenerlos, va a acompañarlos, les va a dar una luz de aliento, recobrando el creer, sabiendo que existe la posibilidad de vivir sin dolor, dejaría acá, y cerraría a modo de final. Emilia me dio un beso, se fue, y yo traté de dormir. Recé, le di un beso a Edgardo, y traté —solo traté— de no pensar.

Listos para empezar

Me desperté temprano ese lunes; me esperaba otra anestesia. Todo estaba programado para las primeras horas pero, finalmente, fue por la tarde. Estaba cansada, tensa; había bajado los brazos por primera vez. Llegaron mis papás, Cholita y, al rato, Mary. Me vinieron a buscar y me despedí. (¡Qué fuerte recordar los detalles! Movilizada por la emoción tan profunda, dejo de escribir. No consigo más palabras. Respiro, lloro, me calmo. Retomaré el relato después de unos días, cuando pueda abrir mi computadora).

* * *

Arriba, Alicia, Piedimonte, Shilton, el resto del equipo, Carla. Listos para empezar. Se tardó más de lo anunciado: hubo más trabajo del previsto. Me dormí tensa, con la intuición de que algo no estaba bien. Con miedo. Era lo último, pero el esfuerzo era máximo, y yo no tenía resto.

Me desperté enojada, balbuceante. Insulté hasta cansarme (Emilia me había dado permiso para hacerlo). "Nunca más quiero ver un médico, nunca más", dije, además de proferir las palabrotas más duras. Después no podía parar de llorar. Estaba dura, fría, blanca, rara. Todo estaba nublado… cada imagen; sabía que estaba en el quirófano, pero no podía pensar claramente. Cada una de las personas se multiplicaba frente a mí por diez.

Shilton se acercó; no podía calmar mi bronca. Creo que estallé en el momento menos indicado pero, sin duda, era resultado de esta historia de demasiado dolor. Intentó tranquilizarme. Bien sabía que estaba bajo el efecto de la anestesia, sin dejar de saber que había sufrido exageradamente durante diez años. "Ya está, Marcela, ya terminamos. Ya pasó, vamos, ya está". No sé si hubo más palabras… no las recuerdo. Me llevaron al cuarto con una nueva herida en la espalda y con una nueva en el abdomen. Mi mamá y mi marido estaban muy preocupados esperándome. En el pasillo vi las caras de mis amigas. Mi mamá no pudo contenerse y se abrazó a Edgardo y lloró, creyendo que yo no podía advertirlo. Cuando me pasaron a la cama, llamé a Edgardo como pude, y lo obligué a prometerme que nunca más me dejara entrar a un quirófano y que nunca más firmara una autorización para permitirlo. Para mí es tan difícil entrar al quirófano que trabajé en terapia por horas para entender que ahí uno está cuidado. Creo que acepté la idea de esta protección solo para poder afrontarlo una nueva vez.

* * *

Después de dos horas, empecé a compensarme, a sentirme mejor; ya tenía hambre: buen síntoma. Me llevaron un té y galletitas. Comí todo. Se fueron aflojando los músculos de mi cara, mi cuerpo y mis pensamientos. De a poco, casi volvía a ser yo. La pesadilla estaba terminando. Y el dolor seguía sin aparecer. Otra vez un milagro. Empezaba una nueva etapa, que tenía que ver con aprender a convivir con el neuroestimulador en forma definitiva.

Tejidos de amor

Siempre me pregunto por qué muchas veces no es común que se contemplen las emociones, las necesidades, los miedos, así como se contemplan los físicos. En la relación médico-paciente, el vínculo, en general, es una relación asimétrica; lo habitual es que una sienta que el otro es el que ordena, decide y establece. El médico interroga, y uno, como enfermo, se siente desnudo no solo de cuerpo, sino de alma. Las reglas generales son las que el médico impone; no da demasiados detalles del diagnóstico, y es complicado hacerle más preguntas que las que ellos están dispuestos a darnos.

Cuando se es paciente, uno necesita expresarse, manifestarse, dar todos los detalles de lo que siente y padece. Los silencios que se establecen de un lado o del otro incomodan y provocan aún más distancias. Cuando ocupamos el lugar de pacientes, siempre creemos que somos los únicos, y exigimos esperando todas las respuestas. Depositamos en el profesional gran parte de nuestra vida, desnudamos nuestro cuerpo sobre la camilla del quirófano, pero solo el alma queda en descubierto en las enfermedades prolongadas, en el padecimiento del dolor crónico.

El médico sabe mucho más de nosotros que otras personas, aun las de nuestro entorno íntimo. En los años que he visitado consultorios, clínicas (donde las cirugías fueron protagonistas), hice lo posible para generar un buen vínculo y, cuando eso no pasó, lo provoqué: sugerí lo importante que era sentirme contenida.

Cuando de salud se trata, no solo es un cuerpo, un órgano, o una enfermedad de lo que se debe hablar. Hay mucho más en juego. Lo que sentimos, las emociones, las dudas... todo aquello que ya está dicho para el profesional no es obvio para los pacientes. Así como el primer síntoma es desconocido, lo es el primer suero, la primera resonancia, la primera internación. Y esto debe ser contemplado: hay un desgaste muy intenso desde lo emocional y desde lo psicológico cuando se está transitando un problema de salud.

Los que ejercen la actividad médica establecen una barrera que los aísla de tanto dolor, y el adiestramiento debe estar enfocado en resolver cada patología. Todos los conocimientos médicos se ponen en juego en la maravillosa tarea de curar. Si a esto ellos le suman la contención y el ponerse en el lugar del otro, dándonos la mano en un momento extremo, una palabra esperada que aquiete el dolor más allá de una droga y, si agudizan la paciencia para escucharnos, es más fácil. Y esto ellos deben saberlo.

La gente que me atendió: las enfermeras, las hermanas, los técnicos, los camilleros, los auxiliares y los médicos reunieron muchas veces estas características. El vínculo de confianza también es, en gran parte, el provocador de un buen resultado. La vulnerabilidad que sentimos cuando estamos ante situaciones graves se revierte si podemos entregarnos sabiendo que estamos en las mejores manos. Es bueno poder sentir que no hay improvisación, que todo fue cautelosamente estudiado, que ellos, más allá de conocer nuestra anatomía, saben de nosotros.

El sentirnos personas, y no pacientes ayuda a ambas partes a que todo sea más fácil. Hay un proceso en la relación entre médicos y enfermos que tiene que ver con la determinación de las causas exactas del dolor. Luego de establecido el diagnóstico, se espera que el médico nos ofrezca el mejor tratamiento, la medicación adecuada y que encienda una nueva esperanza que nos permita creer que, esta vez, sí va a funcionar. En esta etapa nosotros, los pacientes, empezamos otra vez a creer y, así, ponemos lo mejor a la espera de recuperarnos o de vivir con menos padecimiento.

En tantos años me ha pasado que hubo pruebas con tratamientos sin éxito, aun haciendo al pie de la letra lo indicado. Con alguno de estos parecía que las cosas empezaban a funcionar, pero mi mejoría solo duraba un breve período. El efecto deseado se iba diluyendo con el potencial alivio. En estas circunstancias, la confianza que existe entre el médico y el paciente se quiebra, y hacemos responsable al profesional si el tratamiento no funciona, aunque sea el adecuado.

También hay otras situaciones (por ejemplo, las que viví en las primeras intervenciones de columna) en las cuales la soberbia del profesional que me atendía no le permitió hacer interconsultas, y el resultado fue el peor de los padecimientos. Al no conseguirse el fin planeado, se frustró mi expectativa y, con esta, mi confianza. Ya no se podía mantener una honesta relación médico-paciente.

Recobrar la posibilidad de creer y de encontrar al médico adecuado me llevó un tiempo que fue, sin duda, el de mayor sufrimiento. Es importante, en estas patologías severas donde el dolor crónico hace estragos, rodearnos de un grupo de especialistas que tengan la humildad de resolver pensando en nosotros como seres humanos, ubicando la sapiencia y la honestidad en los mismos lugares. En la desesperación nunca debemos buscar soluciones por otros caminos que nos pueden provocar aún más daño.

Aprender a convivir

La decisión estaba tomada, y lo esperado llegó en abril de 2009 al implantarme el neuroestimulador. En esa etapa, se empezó a dar batalla al dolor. Y, en paralelo, comenzaba el aprendizaje de vivir con algo nuevo dentro de mi cuerpo. Los días no fueron fáciles: estuve inquieta, ansiosa. Pensaba todo el tiempo cómo sería mi vida a partir de esto.

Los cambios empezaban a notarse: la misma noche de la cirugía del implante, el dolor había desaparecido. Ahora tenía que acostumbrarme a perderle el miedo. Y era un nuevo miedo a vencer, un nuevo desafío. Estaba tan cansada... Sabía que se iniciaba algo mejor, pero había llegado con lo último. Vacilaba; sentía que tenía poca capacidad para adaptarme a esta nueva vida y conocer los cuidados que debía incorporar para siempre, las nuevas sensaciones que habían hecho canje con el dolor, ya que la neuromodulación bloquea, de la mente, el estímulo doloroso y lo trasmite con otros síntomas más agradables.

Muchas veces, adaptarme me generó miedo. Borrar el recuerdo del dolor era la tarea más compleja por cumplir y, sobre todo, creer que nunca más volvería. Me llevó varios meses aceptar que algo nuevo formaba parte de mi anatomía. Fue necesario ver sus beneficios, y no sus límites. El neuroestimulador medular terminó con mi padecimiento. Ojalá termine con el de muchos.

Esta cirugía me devolvió la vida; de a poco voy acostumbrándome a los cambios, a depender de su buen funcionamiento, a convivir con este nuevo aparatito. Las patologías crónicas pasan por estadios de aprendizaje. Sé que cada día que paso sin dolor es mágico. Sé que tener el neuroestimulador todavía es raro. Pero también sé que este me devolvió una vida más digna, una historia más cercana a la que una vez tuve. Les podría contar detalles técnicos; hablar de los cambios en la programación; de los ajustes para que mis neuronas sensitivas se acuerden de que no quiero más dolores; de cómo lo apago o lo enciendo; de que ya no puedo pasar por sensores magnéticos; o de mis cuidados en las tormentas eléctricas. Pero quizás solo esto les genere dudas, esa mismas que yo tuve y que, de a poco, fui esclareciendo.

Por eso, lo más importante de este relato siempre debe estar centrado en la esperanza, que no deben perder: en la esperanza de una nueva posibilidad médica. Aun en los días más oscuros, convencidos, crean que algo va a cambiar.

La alegría después del dolor

Octubre, 2009

Hace poco conocí a alguien muy especial que me habló de la alegría después del dolor, y que se conmovía de cómo había podido sobreponerme sin enojos. Hasta esa tarde cuando me lo comentó (o lo descubrió), para mí, eso era común porque me había mantenido de pie sin perder la esperanza y la alegría.

Creo que pude porque muchas veces me di cuenta de que no todo estaba perdido. Lloré en silencio; las razones eran demasiadas y aglomeraban el sufrimiento. Pero sabía que nada era imposible; sabía que tenía que seguir nuevos caminos, intentando aún los más complejos. Sabía que, por mí y por los que me seguían esperando, debía volver, y no podía rendirme.

En esa larga lucha, no perdí el objetivo final; pude cuidar mi aspecto físico, traté de que la decadencia, que por sí sola se instalaba, no ocupara todo. Traté de no perder la sonrisa ni el deseo, y nunca perdí la voluntad de encontrar una salida. Traté de no perderme nada. Me acuerdo de que, aun en mi peor momento, en un viaje a Calafate, subí con grampones el Perito Moreno. Una locura. Pero el día era majestuoso, y yo no sabía cómo iba a seguir mi historia; el momento era ese y, en contra de todos los pronósticos, pude. Pensé si alguna vez volvería a ese lugar, y que, si en la mitad de mi recorrido mis fuerzas se agotaban, solo me quedaría esperar a que el resto del grupo regresara para bajar del glaciar. Dios estaba ahí; el sol brillaba de forma increíble. Mi corazón estaba completo de fe y alegría; hacer eso era salir un poco de tanta sombra.

Edgardo, Marcelo y Silvana, mis amigos, fueron compañeros de ruta y me alentaron; se acomodaron a mis tiempos y me ayudaron cuando mi pierna dijo basta. Me daban la mano para que avanzara un metro, para que siguiera el ascenso; me trasmitían sus deseos para que yo pudiera. Sabía que, si el dolor volvía, no me tenía que asustar: ya era algo conocido. Cuando regresé a Buenos Aires, estuve cuarenta días en cama, en profunda crisis de dolor. Si tuviera que volver a elegir, otra vez estaría allá arriba en la infinidad del Perito Moreno.

He vivido situaciones donde la elección tenía un costo demasiado alto: una recaída pero, así y todo, intenté que mi mente y mi corazón no quedaran inmóviles. La alegría y la esperanza me permitieron no perder la ilusión de que algo iba a llegar para mi mejoría. Fui aceptando que, si vivía esto, era porque Dios lo había elegido para mi destino, pero también me había dado la fortaleza para afrontarlo. Solo yo tenía la misión de encararlo desde el mejor lugar. Muchas veces me perdí; muchas veces se cancelaron mis sueños; mi integridad se alteró; mi mirada dejó de brillar. Pero cada día trataba de hacer el enorme esfuerzo de no caer rendida.

No fue en vano: el implante del neuroestimulador me estaba esperando. La doctora Liliana Pinelli y el doctor Jorge Shilton me decían que era el momento. El doctor Piedimonte y su equipo fueron los elegidos. Había un grupo médico que esperaba mi decisión final. Mi deseo de salir de tanto dolor fue fortalecido por la compañía de mi familia, mi marido, mi hija, mis papás, mis cuñados, mi hermana, los más íntimos y mis amigas. De esta forma pude decir que sí. Deseaban, aun con mucho miedo, que yo saliera adelante. Y, en muchos lugares, en muchos espacios, ante cada adversidad, supe cambiar la dirección; puse grandes dosis de valor, grandes empujes que el corazón generaba para encontrar algo que me devolviera la vida que había tenido.

La respuesta después de tanto dolor, después de tantas heridas, me sorprendió: el neuroestimulador me devolvió lo que necesitaba para volver a vivir porque, después de lo vivido, había una vida mejor, mucho más rica y más digna que la que había tenido en los últimos diez años. Por eso, cuando mi sonrisa se instala, mis ojos tienen chispas, mis deseos se multiplican y mi fe se agiganta, entiendo que pude. Y, aunque lo reitero muchas veces en este libro, sé que muchos van a poder. Nunca me quedé quieta; traté de vivir cada momento; de fortalecer mi alma, mi inteligencia, mi espíritu. Traté de no dejar de volar, más allá de que muchas veces estuve en sombras, muchas veces tapada de escombros llenos de dolor, de miedos y de una gran tristeza. Pero pude porque me dieron aliento, porque Dios no me dejó, porque muchas manos me sostuvieron. Por eso, quizás, no perdí la alegría o, quizás por eso, la recobré.

Mis primeras vacaciones sin dolor

En esos días increíbles de vacaciones, se borraron largos años de sufrimiento. Ya volví, ya pasé cada aeropuerto, cada control, y todo fue más fácil de lo que había imaginado. Esa semana fue sorprendente, íntima, emotiva. El disfrute dio paso sólido, y fue corriendo todo lo que podría llegar a molestarlo. Y, sin darme cuenta, cada día, cada hora, cada momento se fueron haciendo mágicos.

El miedo se quedó en Buenos Aires; ya en Ezeiza había desaparecido de forma extraña: no hubo espacio para el susto que me provoca el despegue o una pequeña turbulencia, que antes me convulsionaban.

El Mar Caribe me estaba esperando. Junto con mi marido necesitábamos un tiempo para nosotros; hablé con el doctor Piedimonte, y me recomendó prontas vacaciones: basta de chequeos y de controles. Esa fue la sugerencia médica: un lugar tranquilo, no mucha ciudad y, de ser posible, una playa. Por su sugerencia fuimos a Bayahibe, un lugar mágico, único, con la combinación perfecta para encontrar la calma. Era mi primera salida después del neuroestimulador, lo cual me generaba mucha angustia: el avión, los controles en los aeropuertos, el viajar con mi equipo de recarga, el no poder pasar por los sensores magnéticos. Pero esta vez era especial; lo mejor, sin duda era hacerlo juntos y, con la seguridad de Edgardo, sentía que, indudablemente, iba a ser más simple. Y lo fue.

Varias horas de vuelo y un trayecto en un auto nos llevarían a destino. Hasta la tarde anterior, estuve en exceso nerviosa. Nadie entendía por qué no estaba disfrutando de algo tan esperado. Tiempo atrás, veníamos trabajando junto a Emilia (a quien le voy a dedicar también parte de mi diario) este viaje, este salir de mi lugar de protección, lejos de mis médicos, de mi casa. Lo obvio resultaba difícil de asimilar. Alejarme me daba miedo, aunque lo que más me atormentaba era la posibilidad de que volviera el dolor. Mi terapeuta insistía en que todo esto iba a desaparecer ya arriba del avión y, en cada paso, el disfrute desplomaría el padecimiento. Y así fue: inolvidable. Lo disfrutamos de tal manera que después nos pareció poco. Amanecíamos temprano, desayunábamos y bajábamos a la playa. Reposera, charla, libros, sol, música y mucho mar. Por horas me quedaba sintiendo mi cuerpo; lo sentía de otra manera. El calor del agua o el movimiento ya no me provocaban el mínimo malestar: todo era placer. Fue mágico: poco tiempo me costó poder conectarme y darme cuenta de que esta vez, y otra vez podía. Estar junto a mi marido era la receta perfecta, para que nada más hiciera falta. Las horas eran tan agradables… respetando nuestras independencias, como el tenis o como mi escritura. El compartir cada momento nos generó una situación de plenitud. Para nosotros, era una prueba, casi igual que la que se nos presentó cuando decidimos que me implantaran el neuroestimulador. Teníamos muchas expectativas; en aquel abril, así como en estos días de noviembre, se fueron cerrando. Muchas veces Edgardo me preguntó si no estaba cansada, si no quería recostarme un rato, que eran muchas horas de pie, o en el mar, o caminando por la arena. Y nunca tuve ganas, ya que cada instante era la magnífica sensación de empezar a vivir de nuevo. Esto era una nueva vida, la que había buscado por tiempo, la que me merecía, tal vez porque no había bajado los brazos o, simplemente, porque Dios quiso que así fuera.

Hicimos de todo, algunas cosas para las que no tenía permiso. Jugábamos al ping-pong, al billar... habíamos estado más de veinte años sin hacerlo. Pasando horas en ese mar increíble, nos tomamos cada tiempo y cada espacio, con el disfrute máximo y la alegría que provocó la espera. Cenamos cada noche entre largas charlas y rica comida; después íbamos al show nocturno, a escuchar buena música, o solo a caminar mirando el cielo. Tantas veces en silencio, agradeciendo... Esto fue la puerta necesaria, que se abrió en esos quince días, que me permitió confirmar que esta vez sí podía. Al regresar después de haber pasado por Panamá, donde nos divertimos mucho (no es poca cosa divertirse después de 28 años juntos), no pasé desapercibida. Todos me preguntaban qué había hecho; la mayoría me elogiaba, resaltando lo bien que me veía, o lo linda que estaba. Sin duda, el cambio se notaba: por primera vez, mis ojos estaban más verdes; mis ojeras habían desaparecido, ayudadas por el tostado del Caribe. Pero lo más destacable eran mi ánimo, mi seguridad y las ganas de compartirlo. Anhelo que tengamos muchos viajes como este. Ojalá tengamos mucho tiempo juntos, y de no dolor.

Primer año con el neuroestimulador

Diciembre, 2009

Dicen que es muy fácil acostumbrarse a lo bueno; a mí me costó confiar, creer, entender que otra vez podía. La garantía que hoy tiene mi vida está basada en que nada peor hasta este hoy puede pasarme; por eso, después de haber superado esta prueba tan dura, sin duda, estoy más plena, con muchas más ganas de saborear. Esta es la expresión exacta de cada mínimo momento que perdí. Casi olvidándome de aquellos que por sí solos hicieron tanto daño. Estas vacaciones fueron la suma de unos días, con una única función: hacer algo que no hacía desde hacía mucho.

Caminatas

Hace unos cuantos días empecé a caminar: algo impensado 19 meses atrás. Casi otro milagro. Mis recorridos duran una hora. A veces, en compañía de Edgardo; otras, con mi amiga Gra; de vez en cuando con Lili. Hoy fue especial: fui sola, y descubrí que podía hacerlo sin miedos, sin la idea resaltada de que el dolor podía reaparecer. Caminé, me conecté con la música de los auriculares y con los verdes que hacían movimientos en cada árbol.

Muchos creerán que caminar es poco, casi nada, y carente de logro. Pero, antes de neuroimplantarme, no caminaba; no andaba, ni siquiera un metro. Sí, no exagero: ni siquiera un metro sin un dolor intolerable, asfixiante, consumidor.

Hacía años que no usaba ropa deportiva, desde aquella tarde de noviembre, cuando me fracturé la clavícula, sin advertir que la gran lesión había sido en mi columna, al caerme de esa silla, finalizado un torneo de golf, con el posterior ingreso al laberinto llamado "Cirugías".

El golf, el tenis, y hasta la simple caminata, se habían esfumado de mi vida para dar paso a estos diez años cargados de tanto sufrimiento. Hace casi dos años que no tengo dolor; mi neuroestimulador se incorporó, con cada uno de sus electrodos, a cada célula sensitiva, para borrar la tortura de esos años, en que el dolor era el protagonista de mi vida.

Mi salud ha mejorado en forma notable. Quienes me ven se sorprenden, pero yo soy, sin duda, la más conmovida. La neuromodulación medular me permite llevar una vida casi normal; el dolor es un recuerdo que cada vez más pierde su forma. Cuando enciendo mi equipo, casi pasada la hora del desayuno, comienza el día con las actividades que este requiere. En los primeros tiempos del implante, no lo apagaba durante las veinticuatro horas. Me costó acostumbrarme a que, si dejaba de funcionar, podría reaparecer el dolor. Pero fui conociendo sus beneficios; después de varios ajustes, llegamos a la graduación de estímulos eléctricos, que me permitieron saber en qué momento eran más necesarios su uso, su necesidad y su intensidad.

Fui ejercitándome, para que, al encenderlo o al apagarlo, fuera algo habitual cambiar los estímulos que reciben cada una de mis piernas. Mi columna ya está incorporada a mi rutina. Casi no pienso en su funcionamiento. Ya forma parte de mí día a día. El cambio es tan radical, contundente y asombroso que por momentos parece que nunca hubiese pasado por estos diez años de extremo sufrimiento. Hoy disfruto horas completas; puedo organizar, sin cancelación, días, que antes el dolor se encargaba de anular.

Este aparatito, esta terapia de neuromodulación medular me reintegró a la vida, y hasta hizo de mí una mujer diferente. A mí me llama la atención descubrirme; cambiaron mi mirada, mi cuerpo, mis rastros de dolor, que por tiempo desdibujaron mi cara. Puede ser que crean que exagero; sepan que jamás les daría otra información que los aliente si este cambio no lo hubiese experimentado, si mi historia no fuera esta que pasó por los peores momentos, que supo de largas peleas, de demasiadas cirugías. Pero esto hoy es tan diferente que atrás quedaron años de recorridas por consultorios buscando soluciones, esperando que un cambio se produjera en mi cuerpo, para apagar algo de tanto dolor.

Tuve que aprender, a soportar sin saber por dónde, eligiendo, ante cada desafío, el camino que me permitiera transitar por periodos muy complejos. Pero pude, porque me aferré a mí, a la vida, a la fe. Confié, cuando todo estaba demasiado oscuro, en los médicos que me acompañaron esta última etapa. Me dejé proteger por mi familia, por mis amigos, por quienes quisieron estar cerca; supe pedir ayuda cuando sola no podía. Lo terapéutico, los profesionales, y los míos fueron el gran sostén. Por eso repito, como en tantas páginas de este libro, que se puede; siempre se puede.

2010

El flagelo del dolor, que padeció la humanidad desde épocas remotas, ha sido un detonante, hasta provocador, de personas excepcionales, ya que a muchos les dio la posibilidad de crecer, de revertir sus vidas y de convertirse en ayuda posible para otros que creen que todo está llegando al final. En esa espiritualidad, uno se fortalece y encuentra reparo. La fe fue la posibilidad que me sostuvo para no caerme, para no dejar de luchar, para seguir teniendo la esperanza que me permitiera encontrar una solución que le diera batalla a mi dolor.

Dios no me había soltado la mano

Hoy es un día especial: me encontré con Jesús. Siempre fui muy creyente, y sigo siéndolo, pero hoy, después de 48 años, sentí que Él me había abrazado. La experiencia fue intransferible. Mi fin de semana había sido bastante especial; estuve preocupada por varias cosas, y pedí especialmente a la Virgen de la Medalla Milagrosa por Agos, que estaba sola de viaje, y por la salud de María Rosa, una conocida que se operaba de la columna.

Todo salió bien y fui a la iglesia esa tarde para agradecerle. Cuando llegué, sentí una especial alegría y un sentimiento único de paz que pocas veces había vivido. Así recorrí la iglesia, sus pasillos, su altar. Era la primera vez que iba sola después de todo lo que me había pasado. No podía dejar de llorar; estaba muy emocionada. Le agradecí por mí, por mi familia, por mis amigas, por los profesionales, por tanta gente anónima que en diferentes circunstancias había estado cerca, y también por María Rosa y por la felicidad que produce saber que alguien no va a tener dolor.

Antes de retirarme, sentí la necesidad de hacer una última oración; me arrodillé en el primer banco pegado al altar y apoyé el brazo sobre el reclinatorio. En ese momento sentí algo frío sobre mi piel: era una placa de bronce que decía: "Te estaba esperando. Firmado: Jesús".

Esa tarde entendí que, aunque muchas veces me había enojado por todo lo que había sufrido, Dios nunca había dejado de estar a mi lado. Siempre me aferré a Él para poder seguir.

Salí de la iglesia, y fui a ver a María Rosa al sanatorio San Camilo. Ese día comenzó nuestra amistad, que hasta hoy nos mantiene juntas. Pensé que ya era hora de volver a casa, pero el día estaba dispuesto a sorprenderme, y a hacerme más manifiesto el encuentro con Dios. Fue así como me hizo reencontrarme con Sor Benigna.

Dos años atrás, me operé en el San Camilo. Fue una dificultosa cirugía, pero me recuperé. Empecé a caminar por el cuarto, mucho más aliviada y, ya casi dada de alta, tuve una fisura en la duramadre (una de las membranas que recubren la médula). Con cuarenta y ocho horas de reposo absoluto, esta lesión empezó a revertir. Regresé a mi casa, con estrictas indicaciones para cumplir. Pero, a los pocos días, una gran cantidad de líquido cefalorraquídeo salió por mi herida. El doctor Jorge Shilton llegó de urgencia ese domingo a la tarde, con la intención de internarme a las pocas horas. Solo por mi pedido, lo hizo el lunes muy temprano.

Nuevamente en el San Camilo, me tenían que poner un catéter para bajar la presión craneana, con lo cual la indicación era hacer reposo absolutísimo por veinte días. Yo no entendía los riesgos; sabía que eran importantes, pero nadie me contó demasiado. Tenía que entrar al quirófano; no podía creerlo… imposible de comprender. ¿Por qué otra vez? Mi familia estaba desolada. Yo buscaba calmarme; buscaba la forma de entrar a una cirugía lo más serena posible. Me aferré a la oración, y lo logré.

Cerca de las ocho de la mañana, llegaron los médicos; me revisaron y, sorprendidos, encontraron que la gasa que cubría mi herida estaba seca: nadie podía creerlo. Me analizaron la zona, me apretaron la herida, me hicieron levantar, y nada. Ni una gota de líquido cefalorraquídeo. El Dr. Shilton, junto a su equipo, decidieron esperar unas horas.

Se fueron.

En el cuarto estaba junto a una amiga y a mi mamá. De pronto, entró una hermana del San Camilo, Sor Benigna. Me preguntó qué me pasaba. Me dijo que rezara, que alguna de mis vírgenes y de mis santos me iba a escuchar, y que ella le iba a rezar a Jesús en la capilla, que me quedara tranquila, ya que Jesús y San Camilo iban a querer para mí lo mejor y que no me iban a operar.

Y no me operaron. Lo cuento, y no puedo no conmoverme. No me es ajeno aún hoy el recuerdo de ese día, mi alegría, y de quienes estaban a mi lado. Busqué a la hermana para darle las gracias, pero no la encontré. Supe que alguna vez volvería a verla; quería decirle que ella ese día me había acercado a Jesús.

Después de dos años y medio, regresé al sanatorio para buscarla. Fue la misma tarde en que había ido a agradecer a la iglesia. Quería contarle sobre aquella vez, y que me viera ya con mi neuroestimulador implantado, ya sin dolor. No tenía más datos que sus ojos y su origen brasileño. Y la encontré.

Sor Benigna

Me paré en el hall del primer piso. Había consultado dónde podía buscarla, y me indicaron que posiblemente la encontraría visitando enfermos, haciéndoles contención, dándoles paz al alma y comprensión plena.

Desde lejos, en su pausado caminar, supe que ella era ese ángel: era Jesús hecho carne. Se acercaba igual que aquella mañana. Sus ojos y la intensa profundidad de su mirada no me provocaron más dudas; es más: confirmaron con evidencia que la había encontrado. Cuando se iba acercando hacia mí, se multiplicaba mi emoción.

—*¿Hermana Benigna?*

—*Sí, hija.*

—*¡Dios mío!, qué alegría verla después de tanto tiempo. Usted no me conoce. Por tercera vez vengo a buscarla; sabía que la iba a encontrar.*

—*¿Y por qué tenías que venir a verme?*

—*Sor Benigna, es largo, pero le cuento. Hace unos años, estuve internada en el primer piso; yo venía de una cirugía de columna y, a los pocos días, ya dada de alta, tuve que regresar, porque tuve una fisura en mi duramadre y tenían que volver a operarme. Pero el doctor Shilton, mi neurocirujano de cabecera, tomó muchos recaudos, esperó unas horas y observó que la pérdida de líquido cefalorraquídeo había mermado. En ese momento yo estaba acompañada por mi mamá y por una amiga, y apareció usted. Se acercó al lado de mi cama y tomó con fuerza mi mano. Me acuerdo de su profunda mirada. Me dijo llena de ternura: "Rezá a cada uno de los que están en tu mesita de luz; alguno te va a dar bolilla. Yo voy a bajar a rezarle a Jesús; Él nos va a escuchar, y no te van a operar". ¿Sabe, Sor? Me quedé serena.*

Ella se puso muy feliz de mi visita y de lo que le estaba contando. Me abrazó fuerte. Un abrazo íntimo y casi único... indescriptible. Sentí que Jesús me estaba abrazando.

—Sos muy generosa; viniste a darle gracias a Jesús. No es habitual el regreso con el fin del agradecimiento, pero Jesús golpeó la puerta de tu corazón, y vos supiste escucharlo. ¿Viniste solo a esto, hija?

—No, Sor, vine a ver a una señora a la que la operaron de la columna.

—¿Una amiga?

—No, es una conocida a quien solo vi en el supermercado una vez, partida de dolor; paré, la ayudé y le di mi teléfono. Y ella acaba de operarse exitosamente.

—¿Te das cuenta? Jesús me puso a mí en tu camino, y a vos en el de ella. Es Él quien se encargó de ambas. Vos y yo, solo nosotras, lo hemos escuchado; hemos estado atentas y cumpliendo su voluntad. ¿Estás emocionada?

—Sí. Conmovida.

—¿Tenés unos minutos?

—Todo el tiempo necesario; yo ya no tengo apuro.

—Bueno, vamos a ir a la capilla, a agradecerle al Señor, a orar por vos, por otros enfermos, y haremos un agradecimiento especial a San Camilo. ¿Podés?

—Por supuesto.

En el momento en que bajábamos por el ascensor, llamó Agos desde New York. Antes de atenderla, le dije a Sor Benigna que era mi hija desde el exterior.

—La atiendo y le digo que me llame en quince minutos.

—De ninguna manera; atendela: tu hija es lo más importante de tu vida. Jesús lo sabe; Él puede esperarnos.

A esa altura todo estaba de más; mi alegría y una sensación de plenitud invadía cada lugar de mi cuerpo, de mi alma y de mi espíritu. Luego de haber hablado con mi hija, tomadas de la mano, fuimos hacia la capilla y nos inclinamos ante la imagen de Jesús. Ella agachó su cabeza, yo me persigné, y nos sentamos en un banco. Rezamos un padrenuestro.

Mirando a Jesús, ella expresó: *"Padre, que has guiado a Marcela hasta aquí, estamos hoy sentadas, agradeciéndote, y pidiéndote que ella siga gozando de tanto bienestar. Protégela y bendice a ella, su familia, sus amigos, brindándoles buena salud, y mucha paz".*

Luego, sin poder desunir nuestras manos, nos acercamos hacia la imagen de San Camilo. Y ella otra vez oró al patrono de su capilla por mí, por los enfermos del hospital y del mundo, por la paz y por la salud.

Nos levantamos y juntas caminamos hacia la salida. Allí le pregunté si me dejaba volver a verla, y le expresé mi sentimiento de poder ayudarla.

—¿Cómo? —me preguntó.

—No sé, ya veremos; haciéndole compañía a uno de sus enfermos, leyéndole, o solo tomándole la mano, si usted me deja. Pero lo hablamos la próxima, ¿le parece?

—¿Lo vas a hacer?

—Por supuesto.

—Es muy generoso de tu parte. Jesús golpeó la puerta de tu corazón, y lo dejaste entrar; estabas atenta. Te voy a estar esperando.

* * *

Crucé la avenida Ángel Gallardo, sintiendo que había tocado el cielo; mi emoción no me dejaba respirar. Mi sonrisa se mezclaba con alguna lágrima. Me fui a un bar para tomar mi teléfono y poder compartirlo con alguien. Se lo hubiese contado al mundo.

Más allá de que la vida me ha enseñado que las vivencias son sentidas como únicas para quien las vive, y que es complejo trasladar la emoción, los sentimientos, entendí que el sentir es tan intransferible como el dolor, pero conmueve de formas diferentes. Muchos pueden intensificar, aun sin ser propias las emociones de los otros, poniéndose en su lugar.

No fue un día más en mi vida: fue la certeza de que, posiblemente, muchas otras veces, Jesús también había estado cerca. Pero ese lunes, realmente, sentí su abrazo. Me mostró un nuevo camino, algo que yo ya venía comprendiendo. Hoy tengo la convicción de que mi fe cristiana ha sido el único sostén en los momentos más temibles. La fe es, sin duda, inexplicable: es la mejor elección para encaminar la vida.

No es posible, desde mi posición más humilde, haber podido transitar esta historia sin haber creído. Me levanté muchas veces y, aun estrellándome, siempre hubo un hueco en donde se ubicara la fe. En el momento justo en que supe que solo de mí dependía, me aferré a Dios. Nada fue fácil, pero a veces se sintió más ligero. Y así eran mis ecuaciones mientras escribía en diferentes momentos del dolor, en los que deseaba profundamente que la escritura volcara todo ese dolor que mi cuerpo no resistía, como si el papel fuera a llenarse de aquel y mi ser encontrara ese alivio que tanto buscaba, pero siempre el desear vivir sin dolor, el amor, las ganas, las fuerzas y la fe ganaron la batalla…

Ecuación 1

Muchas veces es más fácil enfrentar situaciones complejas que aquellas que son de rutina; hay algo en el ser humano, en la mente, que nos prepara para la adversidad con más fortaleza. Casi inexplicablemente, ante las cosas graves (gravísimas, diría con convicción), nos ponemos de pie con más integridad, y el espíritu humano enfrenta lo difícil como lo más simple. Se produce un aprendizaje positivo en este padecimiento. Es como si, en un después, habrá una asignatura a resolver, a cumplir como misión.

Ante las grandes dificultades, aparece una energía que va en camino de revertir esos dolores que parecen no tener resolución nunca. La tragedia en la que nos vemos envueltos comienza a cambiar de rumbo, aun sin diagnóstico, sin paliativos médicos, solo con la estricta necesidad de sobrevivir.

Solo sabemos que nos levantamos y nos acostamos con la dolencia diaria. Nuestra realidad es subrayada por su presencia porque se ha convertido en dolor crónico. Llega un momento en que la convivencia con este casi nos hace tener una relación que implica un sentimiento de aceptarlo como propio. Aquello que nos pareció invasivo empieza a pertenecernos, con el gran riesgo de modificar nuestra fe, desgastarla y replantearnos hasta cuándo vamos a sufrir.

Esta ecuación siempre daba el mismo resultado: el dolor no buscado. Por error me daba aún más dolor y provocaba como condena el dolor agrandado de mi alma. Por eso no era menor la idea basada en la creencia de suponer que, si me iba de este mundo, seguramente, me pasaría lo mejor: no tener más dolor. Cuando aceptaba el dolor que me había tocado y me daba cuenta de que esta elección me privaría de vivir, volvía a pelear.

Ecuación 2

Convivimos con distintas formas de vivir el dolor. Los espacios se expanden para el sufrimiento. El dolor físico, crónico o neuropático se puede instalar y enseñarnos, si encuentra terrenos sólidos, a otorgarnos beneficios. Partamos de la premisa de que no nos gusta; que quede claro: no se elige. Es parte de la vida que nos toca. Podemos sí encontrar rutas diferentes para no quedarnos en el enojo, ni en el reproche, ni en la angustia solitaria de cada día. A cambio buscamos la cercanía mediata con Dios, ese creer, desde lo más profundo, que algo va a aparecer, que algo nos espera para darnos un poco de calidad de vida.

La mejoría que debe trascender

Hace unos días fui al médico, a mi neurocirujano funcional, no puntualmente por mi neuroestimulador, ya que este funciona de maravilla. Era una consulta de otro tipo. Sentada frente al escritorio, mientras Piedimonti escribía unas recetas por un control de rutina y ordenaba unas ecografías, lo miré, y le comenté:

—*Qué increíble cómo me cambió la vida este aparatito.*

—*Sí, estás espléndida; no puedo olvidarme de aquella primera vez. En tu primera consulta, eras otra.*

—*Sí, parece que fue hace años, y solo llevamos no más de dieciocho meses conviviendo. Es mágico; quienes me ven se sorprenden. No pueden creer lo bien que estoy. Y, a quienes recién me han visto o conocido en este último tiempo, les parece imposible la historia que les cuento. Por eso, esto debemos difundirlo; la gente debe saber que hay algo.*

—*Pienso igual que vos; es más: estaba por decírtelo. En mi ámbito profesional, mucho más ya se sabe y, desde lo personal, me encargo de que más gente se entere, solo con el fin de que alguien deje de sufrir. Todo pasa ya por otro lugar. Cuando uno siente que le puede dar la mano a otro en circunstancias tan complejas, no hay mayor reconocimiento.*

—*Claro, es así; yo, desde un lugar más chico, trato de divulgarlo; es como que regalo una expectativa, una esperanza que muchos creen perdida, y que, sin embargo, existe. Son tantos lo que sufren... Y, si nosotros somos un poco el lazo que los encuentre con una historia de menos dolor, debemos hacer lo imposible; esto, más allá de ser tu trabajo, tu estudio de toda una vida, tus ganas de crecer y desde aquel día que empezaste a darle batalla como estudiante hasta este hoy exitoso. Creo ambos tenemos una misión.*

—Sí, esto tiene que ayudar a esos que, como vos, siguen buscando y son valientes: no se dejan caer.

—Gracias a eso y a otros que me acompañaron, te encontré. Por eso debe trascender; debe llegar a muchos. En el mundo entero, la gente debe convencerse de que no hay que entregarse, aun ante la peor adversidad. Hoy es esto; la ciencia mañana seguirá en búsqueda de soluciones para más patologías. Por eso debemos fomentar la pelea; tenemos esta tarea. Hace años que investigás sobre el tema viajando, perfeccionándote, quitándoles tiempo hasta a las cosas muy importantes, y yo, como paciente y como mujer, no debo callarme esto que me pasó, este cambio radical en mi vida.

—Me encantaría; seguro, lo vamos a lograr.

—Más allá de descubrir esta pasión por lo que hacés, estoy convencida de que el gran desafío que tenés en tus manos es hacer que no sufra, aunque solo sea uno más en este mundo.

—Sin duda, es como sentir una misión cumplida. Es una batalla ganada.

—El bloquear la información dolorosa, de cada cuerpo y de cada alma, como vos describís… como objetivo final.

—Tal cual: un lugar casi mágico, provisto de toda la tecnología, a donde ingreso, quizás, al encuentro del desenlace más esperado: terminar con otra historia de dolor.

—¿Sabés?, cada momento que puedo disfrutar, después de todo lo vivido, sin duda, se carga de gran intensidad. El capitalizar con saldo positivo tanto sufrimiento… Aun cuando ya no hay esperanza, algo nos guía y nos sigue mostrando que todavía se puede. Cuando te encontré, cuando se me dio la posibilidad del neuroestimulador, todo esto empezó a jugar con mis emociones y con mis deseos. Tuve

que volver a confiar y, en algún momento, la pregunta "¿Por qué no?" se convirtió en afirmación. Entonces, no dudé.

—Gracias; siempre que tengo un logro que implica devolverle a alguien, a un nuevo paciente, algo de lo que alguna vez tuvo, agradezco, convencido de que hago (y debo seguir haciendo) lo correcto.

Me despedí de él. Estaba por tomarse unos días de vacaciones, y yo tenía que hacerme unos estudios de rutina. Nuestro próximo encuentro, seguramente, tendrá que ver con este libro. El dolor, que fue consulta en aquella primera entrevista, hoy sigue dormido.

El dolor transformado en amor: el amor que transformó mi dolor

Hoy tengo más ganas de escribir del amor que del dolor. De ese amor que transformó el dolor. De ese dolor que había convertido mis caricias en quejas y mis sonrisas en tragedias. De tantos días que solo eran noches. De no saber cuándo iba a ser una mañana sin estrellas, una tarde donde dejara de buscar explicaciones. Ese dolor se reparó en el amor, por el amor y con amor, ese amor que me sostuvo para poder encontrar la salida, esa que no me dejara eternamente recluida en una vida sin rumbo, y con ritmo acompasado, tristemente lento, desmesuradamente violento, para que mi vida se fuera desvaneciendo, sin encontrar la salida. Ese amor fue, y son, las personas a las que más amo, la gente a la que más quiero, los que estuvieron, los que me acompañaron, los que no me dejaron. Y muchos de los que no sé sus nombres, pero cada uno de ellos fue, en mi historia, protagonista de una única y admirable tarea. Todo ese amor es mi fe; son los afectos más profundos; es la misión en la vida. Son tantos porqués que se transformaron en considerados y reparadores para qué.

Ese dolor se transformó en amor cuando esa tarde decidimos ponerme el neuroestimulador; cuando confiamos y creímos que era lo correcto; cuando no había otra salida; cuando, seguramente, ese día, Dios volvió a darnos la mano, aquella de la que algún día creí que me la había soltado. Ese día no sabía qué sería de mí, ni de nosotros, ni si el no dolor iba a ser un milagro. Pero ese amor fue el que nos dijo: "Tenemos que hacerlo". Y, aunque los valores y los resultados parecían la mejor opción, fue el amor lo que nos permitió elegir que valía la pena el intento. Fue nuestra mirada encontrada que hablaba de la vida compartida y que queríamos recuperar, la cual se combinó, desde un lugar tan especial, con la mirada creíble, honesta y profesional, pero humana, de quien nos explicaba los detalles.

Ese dolor, convertido en amor, fue esa noche, la primera noche: cuando esos electrodos empezaron a dar los estímulos eléctricos para cambiar la información dolorosa. Cambiaron, sobre todo, la información de mis emociones, mis llantos, mis enojos. Esas sensaciones diferentes de no dolor fueron placebos de amor para mi cuerpo. Y siguen siéndolo. Esta tarde no quiero escribir del dolor, porque el amor lo transformó milagrosamente en no dolor.

Tiempo de agradecer

Abril, 2010

Hoy es 23 de abril de 2010. Estoy pensando que, además de ser un día de festejo (ya que se cumple un año del día del implante del neuroestimulador), sería bueno que empiece a dibujar el final de este libro, este testimonio, esta historia, que se aferró a la escritura para que mi vida no desapareciera.

Luego de diez largos años, hay muchos detalles para contar: algunos que espontáneamente aparecen, otros que debo buscar en mi memoria y muchos que se han perdido para siempre. Pero, si sigo, posiblemente, cometa el error de empastar, de aburrir, cuando solo cada palabra debe cumplir con la misión de ayuda y de acompañamiento.

En cada oración, en cada capítulo, muchos se sentirán identificados. Yo estaré feliz si acompañé a alguien, si divulgué un tratamiento poco conocido, pero posible; si un poco de esperanza provocó un chispazo con brillo en alguna mirada, que quedó en sombra ante tanto sufrimiento.

Hoy, las personas que fueron mi sostén reciben especialmente el mayor reconocimiento. Muchas personas deben estar ocupando este lugar en otros pacientes atrapados en el flagelo del dolor. Es necesario ponerse en el lugar del otro porque la enfermedad no se elige: ni la física, ni la del alma, ni la psicológica. No es voluntario entrar en este espacio; a veces querer salir sí lo es, porque el lugar de enfermo se apropia de nuestras vidas, y nos vuelve temerosos e incapaces.

Sentimos refugio en la enfermedad, aunque su costo sea altísimo. Pero no se asusten: también se aprende a recuperar lo perdido y a salir de su asfixia. Sobreponernos a todo lo que nos ha dominado es muy placentero.

Cuando el dolor crónico es más tolerable y no ocupa el tiempo completo, es fácil la recuperación de esos espacios que también fueron nuestros. Y, si fue reducido más de un 70% (como en mi caso), de la vida del dolor ya no hay recuerdo: esta nueva vida tiene más valor, es más digna, y lleva el disfrute de cada minuto, aunque esto parezca implícito.

Sin duda, después de lo vivido, he incorporado que, hasta que no vuelva a pasar por una situación tan límite, nada puede tener la capacidad de empañar mis días. Y, si eso a veces pasa, debo recurrir a mi experiencia y a mi memoria, para no permitirlo. Hoy muchos siguen rezando por mí.

Hoy yo puedo hacerlo por ellos y por todos ustedes que están sufriendo, con la convicción de que sientan en este exacto momento algo menos de dolor. Es posible un mañana que los llevará al encuentro de una nueva alternativa, y existe la esperanza de mejorar la calidad de vuestras vidas.

Me quedan nueve años por delante hasta que me cambien la batería del equipo implantado (es decir, muchos años antes de volver a entrar a un quirófano). En ese mientras tanto, solo disfrutaré del día a día, sin proyectos establecidos con cumplimiento a largo plazo, tratando de que lo aprendido me dé más capacidad para saber escuchar, para dar, para estar con quienes me necesitan. Intentaré cambiar la frase "El dolor ajeno no duele", porque a mí me duele igual. No me quedé instalada en la historia de enfermedad que me puso a prueba por más de diez años. Desde lo pasado pude gestar este presente.

A mis amigas

Es imposible no dedicar palabras infinitas y múltiples para resaltar un verdadero espacio, ese único lugar que ellas ocuparon. Son muchas, las de siempre, las que pudieron, y aquellas a las que les costó. También entendí que, en la enfermedad, cada cual hace lo que puede; no es un camino fácil ni un recorrido simple. En general, muchas estuvieron presentes durante días sin abandonarme.

Mis amigas fueron las que me escucharon cuando ya no podía más, cuando ya pensaba que mi vida se iba a terminar, cuando tenía temor de cómo sostener a mi familia, a mi marido. Mis amigas me sostuvieron siempre que me pregunté cómo hacer para seguir adelante. Sus lugares fueron protagónicos. No se cansaron de mí, aunque el tema solo era mi dolor. Pero ellas supieron cuidarme con aliento, con retos necesarios, con horas al lado de mi cama, con llamados que quebraban la soledad del día.

La amistad es un sentimiento muy importante, uno de los más valorados por mí. Amigas mías: les agradezco cada momento de estos últimos diez años. Ustedes saben de mi enorme cariño, de mi respeto profundo, y que mi vida sin ustedes no sería igual. Por eso, decidí escribirles un mail a todas...

> A todas: gracias por haberme acompañado en tantos momentos. Hoy, 23 de abril de 2010, se cumple un año del implante de mi neuroestimulador, para mí, la posibilidad de volver a vivir. No hay muchas más palabras: la emoción es muy profunda y las cubre. Comparto este día de festejo, este año de no dolor (que, con matices de mejores momentos o de peores momentos, me pusieron de pie). La alegría, el disfrute, la claridad en lo simple y la lucidez me permiten

saber que este hoy es posible. Cuando brinde en la cena con los más íntimos, ustedes estarán muy cerca.
Un abrazo.
Las quiero.
Marce

Y ellas me devolvieron más amor:

¡Qué increíble, Marce! Ya un año...! Qué maravilla y cuánta fe... Era posible. Sos un ejemplo de lucha y de que no hay que darse por vencido. Te felicito por tu coraje, por tu espíritu aguerrido y por tu constancia.
Te mando un beso enorme.
Susan

Gracias, Marce, por tenerme en cuenta entre tus amigos. A mí me parece que te conozco de toda mi vida y, a pesar de la diferencia de edad, me hacés sentir joven y no me discriminás. Para vos, un brindis en este primer año.
TTTT::::QQQQ (que quiere decir: "Te quiero" muchas veces).
María Rosa

Hola Marce, me alegro un montón y, la verdad, se te ve espléndida. Brindo con vos. Te quiero mucho.
Besotes.
Gra

Marcela: Recién abrí tu mail; ya un año, y con tan buenos resultados... Me alegro mucho. Vos, que me hablás siempre de la fortaleza que yo tengo para haber soportado tantas cosas, pero lo que nunca tuve, gracias a Dios, es dolor, y

quizás ese sea el dolor que vos pasaste para el que yo no esté preparada para soportar y me rinda fácilmente. Por eso te admiro... cómo lo fuiste llevando... porque no debe de haber sido fácil. Muchas veces, parece que estoy en bolas y es verdad: es mi manera, no sé por qué, pero quiero que sepas que siempre estás en mi corazón y que podés contar con lo que necesites de mi parte. Me alegro de que en esta familia varias cosas en este último año se hayan ido solucionando. Para seguir viviendo, no hay que mirar atrás. No, porque, si no, te demorás en el camino, y a lo mejor hasta te da ganas de abandonarlo. Siempre miremos para adelante y caminemos acompañados de los que más queremos, pensando que cada vez va a haber menos baches.
Te quiero un montón.
Beso enorme.
Clau

Hola, Marce: No puedo creer que ya haya pasado un año. Lo más importante es el coraje que has tenido para decidirte a someterte a una operación poco conocida y tal vez traumática; te arriesgaste y lograste un restablecimiento casi increíble. Admiro tu valor después de haber pasado por otras experiencias también delicadas. Esto último hubiera acobardado a cualquiera, pero ¡no! Seguiste adelante y ahora estás disfrutando no solo el fin del dolor, sino poder desplazarte sin bastón y, sobre todo, sin dependencia alguna; por eso nuestra alegría al verte después de tanto tiempo con los resultados a la vista. Es halagador que me consideres tu amiga, a pesar de la diferencia generacional. "¡Go ahead!", dicen los ingleses.
Un abrazo.
M. R.

¡Qué ilusión salir en tu libro!
Besos, corazón.
Te requiero.
Cecilia

Hola, Marce: Estoy tan contenta de que tu vida haya cambiado... es nacer nuevamente a disfrutar cada momento, como vos bien decís, sin dolor. Yo conocí una persona con miedo y con inseguridad, y ahora tengo una amiga con ganas de vivir. Y me siento un poquito parte de eso. Te agradezco por darme la posibilidad de compartir tus logros en esta etapa distinta para vos y para tu familia.
Un beso enorme.
Carla

Querida Marce: Gracias por compartir tu alegría, que también es nuestra. Gracias por el ejemplo que sos para muchos de nosotros. Gracias porque podemos ser testigos del obrar de un Dios vivo que sigue haciendo milagros y, por último, gracias porque estas vivencias tan duras, cuando son capitalizadas con sabiduría, nos ayudan a focalizarnos en nuestro andar, en las cosas que realmente valen la pena y son las que perduran en el tiempo. Un beso enorme para toda la familia.
Con amor.
Los Garritano

No tenés que agradecer; solo se trata de sostenerle los brazos al que tenemos al lado cuando le pesan demasiado.
Besoooooos.
Claudia G.

¡Brindo con vos y por vos!
¡Cuánto me alegro! Besos.
Sil

Hola, Marcela: Acabo de leer el primero de tus mails y el segundo. Gracias a Dios que se te percibe vital, entusiasta y, sobre todo, agradecida a Dios, que te permitió tener la posibilidad de encontrar una solución a tan acuciante problema, libre de ese dolor que trastorna vidas, proyectos y, sobre todo, aísla. Es un hermoso gesto que les dediques un reconocimiento a aquellas personas que estuvieron siempre dispuestas a tu lado y acompañaron este gran desafío que significaba apostar a vivir mejor. Que lo puedas escribir y dar a conocer ayudará a muchos a saber que por este mundo no caminamos solos, que siempre hay alguien en alguna "posada" esperándonos, quizás, simplemente con una palabra. Me uno, espiritual y emocionalmente, a tu festejo por la vida. Y me sumo a todos aquellos que, sin tener la trascendencia de tus elegidos más cercanos, hemos deseado verte disfrutando de todo lo que creaste. Besos.
Ángela

¡Holaaa, Marce! Perdón por no haber contestado antes. ¡Feliz Año Nuevo! No sé si te acompañé lo suficiente, y cuánto es suficiente en momentos de dolor. Pero lo que sí sé es que comparto este momento presente, tan pleno de proyectos y de alegrías. Espero que podamos brindar uno de estos días, aunque sea con un cafecito. Contá conmigo para lo que necesites.
¡Un abrazoteee!
Gra. B.

Hoy quiero compartirte una carta que brotó desde lo más profundo de mi corazón para quien supo abrazarme, fortalecerme y alentarme en este camino nuevo que había elegido transitar, dándome una nueva oportunidad de volver a aprender a vivir sin dolor...

Hoy recuerdo también mi primera sesión con Emilia...

Cada vez que recuerdo aquella sesión, es hasta raro pensar todo lo que hemos vivido. Ella sí empezó a compartir mis temas de salud a fines de 2005, durante la última cirugía de columna con el traumatólogo, donde se realizó el disparate médico de desfijarme cada una de las vértebras, supuestamente inmovilizadas para siempre.

A partir de octubre de ese año, empezó la pesadilla. Recuerdo que, por pocos meses, caminé sin síntomas. Parecía que todo ya estaba resuelto. El tiempo del no dolor fue mínimo, pero apareció lo máximo de mi agonía. Al volver los primeros dolores intensos, la hora de sesión se limitaba a poder ver qué hacer, a quién consultar, o cómo mantenerme en el sillón, ya que el dolor se hacía agudo cuando me quedaba quieta. Creo que mi cara delataba todo el malestar, abarcando el aire de ella y el mío, mis pensamientos, mis emociones. Era complejo por momentos concentrarme en las charlas; había otros temas por tratar no menos importantes. Después, los espacios ocupados por mi dolor eran todos.

En su consultorio me sentí contenida. Al principio fue difícil también volver a creer; yo venía de una relación terapéutica compleja que casi me había aniquilado, que había provocado en mi vida grietas, que recién hoy estoy reparando.

Fuimos de a poco; confiar en ella no iba a ser fácil pero, en cada encuentro, entendí que también había profesionales que eran serios y dignos. Lentamente empecé a confiar y establecer una relación terapéutica muy sólida, pero igual de independiente; aprendí a saber qué lugar ocupaba cada una. Fue ella quien me lo fue enseñando. Muchos creen que, para que esto suceda, hay que ser distantes, que cada sesión debe carecer de calidez o de contención. Pero no: se puede tener el más sólido de los vínculos desde el lugar más sano.

Hoy creo que, con todo lo sucedido y con el inmenso dolor de lo padecido, sin Emilia, hubiese podido, pero a su lado fue más fácil. Ella estuvo cuando el dolor destruía cada uno de los pasos de mi vida. Ella estuvo cuando tomé la decisión de implantarme el neuroestimulador. Ella estuvo. Ella está.

Es importante encontrar a la persona adecuada que pueda contener los dolores del alma. Cuando el dolor crónico se adueña de la historia de uno y de la de muchas vidas que también son las nuestras, conviene buscar alternativas de tratamiento para paliar el sufrimiento. En esa elección, el terapeuta debe tener responsabilidad, conocimiento, honestidad.

El trabajo terapéutico realizado con la más estricta seriedad nos impulsa a la reflexión. A veces, en esta relación y en los momentos crónicos de dolor, solo un abrazo es lo que nos contiene. Ese abrazo nos permite avanzar, no perdernos, no abandonar la lucha y encarar una decisión que posibilite, aun con riesgos, tener una vida sin dolor. Esta vida digna a la cual volví es el esfuerzo convocado en cada uno; es producto y premio de mi entorno más íntimo. Es propiedad exclusiva de mí, sin duda, pero con el sostén irrevocable de quienes no me abandonaron: mi marido, mi hija, mis padres, mi hermana, mi familia, mi suegra, mis más amigas, mi terapeuta, los médicos... Supe aferrarme. No teman: en el pedir ayuda no existen las migajas.

Ya neuroimplantada, también le escribí:

Para mi tan querida Emilia:
Posiblemente, hubiese podido elegir muchos regalos de Navidad, pero nada más honesto y con más valor que regalarle mis palabras. Usted, mejor que nadie, sabe lo especial de este año, cómo fueron cerrando las cosas, cómo aparecieron los resultados, cómo luchamos juntas para llegar a este diciembre casi inimaginable.
Y, en esta mezcla de emoción y de agradecimiento, sin duda, usted ocupa los primeros lugares, con ese compromiso tan genuino, con su profesionalismo cargado de exquisita sensibilidad, con la riqueza de su mente y con la de su corazón.
Me acompañó, supo aferrar mi mano cuando todo parecía desvanecerse; me contuvo cuando cada miedo se hacía dueño de mí. Me dio esas herramientas que me hicieron crecer, fortalecerme y encontrarme para estar hoy como estoy. Los logros fueron compartidos: una vez me dijo que en esto estábamos juntas, y me lo reiteró tantas veces que no puedo olvidarlo.
¡Cómo olvidarlo! Bien cierto fue que, ante la certeza de que todo se terminaba, usted aparecía y me mostraba un poco de luz. Me daba fuerza, un espacio de aire y, sin asfixiarme, me fue fortaleciendo para que este camino se hiciera posible.
Hoy, dentro de mí se ha producido un toque mágico de felicidad, en donde vuelvo a disfrutar, vuelvo a creer, vuelvo a soñar.
Creo que he aprendido más de lo que perdido; antes escribía sobre el dolor y cómo hacer para sobrellevarlo. Hoy puedo escribir sin dolor, y la inspiración aparece, de igual

forma. Tengo la convicción de que bien vale la pena seguir adelante, de que lo simple siempre hace lo diferente, de que lo olvidado aparece, de que no se murió nada, de que cada rincón de mí tiene mucho por ser querido, admirado y está a la espera del disfrute. Así me siento; no sé cómo se llama: plenitud, madurez, fortaleza, sensibilidad, crecimiento, alegría, calma, paciencia, inteligencia... un poco de cada uno.

Con mi más íntimo sentimiento le agradezco todo lo que hace por mí.

La quiero mucho, y este poema es para usted...

Tanta lucidez me sorprende,
tanto compromiso
despojado de engaño,
tanta contención
invalorable...
Sabiduría de vida,
que suma
al compromiso intacto.
Bálsamo de palabras,
de gestos justos
sin desbordes
sin invasión.
El sostén privilegiado
del día a día,
más calmo.
Cada palabra
construye un refugio sano.
La ternura
hace gala en la mirada.

La inteligencia
provoca lo estable.
Mestura
de sapiencia, honradez y entrega
que, en muchos
como en mí,
dejan por decirle
solo unas gracias
infinitas.

Un abrazo.

Marcela

EL ACOMPAÑAMIENTO TERAPÉUTICO

A Emilia la conocí a mediados de 2005, unos meses antes de mi tercera cirugía de columna lumbar. Ella formó parte de los que me sostuvieron para no perder la esperanza. Fueron años de extremo sufrimiento, de mucho dolor. Mi cuerpo se deterioraba, y mi alma hacía agónicos esfuerzos para poder seguir.

En su consultorio encontré refugio. Allí, entre esas paredes, lo peor de mí aparecía sin pedir permiso. Los porqués se transformaron en un para qué. Lloré por horas sin decir palabra. Miles de preguntas encontraron respuesta ante tantos miedos, ante tanta incertidumbre.

Su contención y su presencia fueron fundamentales. Ella me preparó para poder enfrentar cada quirófano y estuvo muy cerca en el momento de tomar la decisión: colocarme el neuroestimulador. Su claridad, sostén y estabilidad como profesional y como persona me ayudaron a no caer.

Y no podía no dedicarle una parte de mi diario a Naty... Cuando ella se cruzó en mi camino, todo cambió... *¡Gracias, Naty!*

Hubo un momento en el cual no estaba tan satisfecha con algunas formas de transitar la vida. Sentía que el dolor ocupaba tanto de mí y no me permitía a veces mirarme para adentro. Sabía, realmente, qué quería ahora: no volver a tener dolor. Después de tanto padecimiento, después de tanto aprendizaje, me envolvía la idea recurrente de qué pasaba conmigo, dentro de mí.

El dolor abarca tanto espacio, tanta energía, tanta dedicación que se hace difícil ver otra cosa. Me inquietaba por dónde seguir; mi alma me decía que algo más debía aprender, que algo me estaba esperando, que sanaría aún más las grandes heridas que deja el dolor no solo en la piel y en los gestos, sino en los recuerdos, en los miedos, en los pensamientos y en las emociones. Mi libro estaba terminado y corregido. Y, si bien había dado por finalizado este testimonial, me pareció muy importante dejar, en estas hojas, estos momentos tan maravillosos de mi vida. Era un enorme cambio el transitado en estos cuatro años como para dejarlo en el camino, como para no contarlo, como para que solo habitara dentro de mí. Esto es algo que aprendí casi llegando a esta etapa madura de la vida: lo importante que es compartir, contagiar, manifestar todo lo bueno que pasa. Porque es una mágica manera de sanar y de que otros sanen en esta ruta.

Así fue cómo, un día, en esta virtualidad, conocí a Naty Franzoni. Vi su imagen por Instagram, una red social que mucho no usaba. No sabía de ella, pero algo me llamó la atención: esos días, ella daría un taller cuyo nombre me atrajo: "Animate a manifestar tus sueños". Empecé a averiguar de qué se trataba y, casi sin pensar, me quise inscribir. Me sorprendí cuando alguien me dijo del otro lado que ya no había lugar. Pero, a los pocos días, la misma Natalia fue la que me llamó para decirme que había una vacante en su taller. Y no lo dudé: pagué el taller y se lo regalé a mi hija.

Era el primer taller de Naty; para mí fue el comienzo de una etapa tan distinta... Pasados unos meses, y después de haberla seguido en forma ininterrumpida por sus redes y de haber hablado por su chat privado, empecé a seguir sus vivos, sus clases, ese tiempo que dedicaba en forma tan amorosa. Tenía la inquietud de conocerla, de hacer algo de lo que ella estaba regalando a la vida. Y así apareció un taller suyo cerca de donde vivo, en Pilar. Me dije: "Debo hacerlo". Invité a mis amigas, a mi hermana, Y fuimos, sin saber mucho de qué se trataba.

Recuerdo que llovía mucho ese día, pero en el lugar solo brillaba por todos lados la multicolor luz de Naty. Pasamos un día increíble. Primero, apareció esa chica que por las redes contaba su historia; hacía recetas saludables; hablaba de meditación, de yoga con su sonrisa, su mirada llena de brillo y su panza, que transitaba los primeros meses de su segundo embarazo. Estaba ahí tan cercana y tan auténtica... provocando una inexplicable armonía. Una explosión de alegría. Muchas mujeres por algo estaban ahí, y yo, sin saber mucho por qué. Luego entendí que había sido una de las mejores decisiones de esta etapa de mi vida. Naty quedó para siempre a mi lado, y yo para siempre a su lado. ¿Cómo hoy no mencionarla en mi libro?, ¿cómo hoy no darle las gracias? De su mano aprendí un nuevo camino; conocí a grandes profesionales; a maestras, que también me ayudaron a sanar, que me dieron técnicas, para acompañar mi dolor desde otro lugar; y a una gran comunidad de mujeres que, mostrando su historia, me dieron tanto aprendizaje para la mía...

Esa tarde, algo pasó; algo me atrapó; algo me dio una señal de que era por ahí. Terminé escuchando su presentación de ese día muy emocionada. No podía creer que, detrás de tanta luz y magia, había una vida donde muchas veces había tenido que ponerse de pie. Había alguien que contaba que no podía mirarse al espejo, que no se quería. Que se tuvo que armar un mundo distinto al real, al que vivía en su propia casa, para ser quien era hoy. Decidió pintar su cuarto de aquella época, y escribirle las frases que hoy tiene impresas en su línea de almohadones. Todo lo que soñó y decretó lo concretó. Nos contó esos logros esa tarde, entre lágrimas, abrazos, sonrisas y mucho agradecimiento.

Ni siquiera consulté con Naty si me daba permiso para insertar este capítulo en mi libro. Pero siempre supe que lo necesitaba incluir porque, en este camino de sanación, ella es mi maestra y... ¿cómo no agradecerle cada día de mi vida?

Durante todo este tiempo compartido, empecé a hacer cosas impensadas después de mi accidente.

Después del taller "Animate a manifestar tus sueños", me fui a un retiro a Mendoza por tres días. Lo vivido ahí me mostró, otra vez más, que se podía. O, mejor dicho, me mostró que se podía aún más que todo lo que ya había logrado.

Hice el taller completo; la primera clase de yoga, después de 20 años; bailé hasta la madrugada; cantamos en un show improvisado al que nos fuimos todas después de haber cenado, con Naty como la protagonista de la noche, cantando temas superconocidos que levantaron a todos de sus sillas a sumarse a la fiesta. Y terminamos, así, ese sábado de tanto disfrute.

Al día siguiente, por segunda vez, hice tapping (o EFT) con una maestra de Naty, que también luego fue una de mis maestras. Me enseñó ejercicios de barrido de dolor, técnicas de liberación emocional, sanación de vínculos, y tantas otras herramientas que utiliza en sus sesiones. Gracias, Gaby Vergelin.

Esos días en Córdoba fueron increíbles. Ahí, sin duda, creamos este presente. Había una mujer dispuesta a dar todo su amor en cada entrega, a enseñarnos que había que agradecer todo. En esos días también conocí a una Naty que no vendía nada al afuera. Todo lo que nos dio ese fin de semana fue absolutamente auténtico, creíble, real, tangible. Todo había sido probado, practicado por ella en este recorrido por más de veinte años desde su adolescencia.

A mi regreso de ese retiro, me fui de viaje a Europa y caminé veinte kilómetros cada día, sin tener dolor. Fue también la primera vez que viaje en avión sin tener que tomar medicación, ya que debo apagar mi neuroestimulador en los aviones y, en general, el dolor reaparece. En ese viaje de más de trece horas de vuelo, no tuve dolor. Utilicé todos los recursos aprendidos. Una mezcla entre la meditación, la respiración, algo de tapping y, por sobre todo, la convicción absoluta de que todo estaba bien como estaba sucediendo, decretando que era el mejor viaje de mi vida junto a mi marido (mi gran amor desde hace cuarenta años). Y así pasamos unos veinte días increíbles, mágicos. Todo salió perfecto. Disfrutamos con mucha alegría y con mucho agradecimiento por ese viaje. Fue tan maravilloso como lo había imaginado.

Cada momento vivido junto a Naty me llena de absoluto agradecimiento. Después llegó algo inesperado. (Al año siguiente, más o menos). Naty empezó a hablar de que iba a hacer un instructorado de yoga, que era para todos, que todos podríamos hacerlo. Era un instructorado de yoga, con su método. Me contacté con ella y le pregunté si yo, que hacía veinte años que casi no me movía, podía hacerlo.

Y la respuesta fue clara: "Por supuesto, ¿cómo no vas a poder hacerlo? Todo habita en tu mente, todo está ahí. Si lo querés, lo tenés". Y, la verdad, dudé. Pero me animé. Y no solo hice el Instructorado de Yoga 1 Método Naty Franzoni, sino que también hice el 2. Y me recibí de instructora de yoga. Y hoy sigo con mis clases. Y me levanto cada día y agradezco, medito, hago tapping, hago sus vivos: quince minutos que nos dedica cada día.

¿Cómo hoy no agradecerte todo, todo lo que sos, todo lo que me enseñás, todo lo que me acompañás, la gente que me compartiste, las amigas que me regalaste, saber que siempre es hoy, siempre es el mejor día de la vida? Aprendí a agradecer a todo lo que tengo, todo lo que no tengo. A perdonar y a perdonarme. A intentar ser mi mejor versión.

Descubrí, en la medida en que más me hacía tiempo para mí, en la medida en que me escuchaba, que estaba atenta y con esa atención plena, que todo lo que me había pasado fue para llegar a esto que pasa, a este libro que quedó en espera, guardado por diez años. Tantas veces me pregunté qué pasaría si no podía llegar a concretarlo... Sin duda, nunca dejé de creer que iba a lograrlo, y está siendo cuando tiene que ser.

Con Naty y por Naty, aprendí a escribir mis intenciones; mil gracias por cada cosa que tengo, desde lo más simple, desde lo más cotidiano. Naty Franzoni es magia, es la plenitud de todo lo que está bien. Es generosidad genuina, es ese corazón que todo lo da. Es un imán que todo lo atrae y todo lo contagia. Multiplica. Regala. Enseña. Es alguien tan especial... es una persona que fue elegida para cumplir una misión, y que hace tiempo lo está haciendo de la mejor forma. Es alguien que no se olvidó de dónde viene y, por sobre todo, agradece haber pasado lo que le pasó, para hoy ser absoluta protagonista de su vida.

Naty tiene un corazón repartido en miles de personas que están a su lado; aunque no la conozcan, la aman profundamente, porque con ella, se despiertan, terminan el día, hacen sus clases y escuchan sus charlas.

Yo me puse de pie muchas veces en esta vida. Tuve que seguir y nunca dudé en hacerlo; tuve templanza, fe y fortaleza. Si hubiera conocido antes en mi vida a Naty, quizás hubiese tenido un recorrido menos doloroso. Pero también sé que todo tenía que ser así, tal como es, permitiéndome disfrutar de este momento tan pleno de vida.

Podría contarles miles de cosas hermosas de Naty. Ella es un ser tan bello como real; generoso, lleno de valores, de principios, de un amor infinito por su familia, su marido, sus hijos, sus amigas, con un gran respeto por otros maestros, por otros profesionales. Nada le fue fácil: su trabajo interno, sus conocimientos, su preparación le llevaron mucho tiempo, quizás el mismo que me llevó encontrar el no dolor.

Hoy sé que a ambas nos unen la vida, la gratitud infinita, la alegría de celebrar cada día el valor importante de la salud, el valor de los sueños, que todo se puede. Siempre se puede.

Todas las palabras para abrazarte fuerte son pocas. Todos los mensajes que te escriba son pocos, comparados con lo que me das a mí y a tantas de tus seguidoras, a tantas de tus alumnas, a esta comunidad que agradece, desde lo más profundo, haberte cruzado en el camino. Solo me queda decirte que te quiero profundamente, que siempre será así. Y que el amor todo lo transforma, así como transformó mi dolor.

Gracias, genia de la vida. Gracias, mi gran maestra. Gracias por hacerme volver a creer en mí. Gracias por este libro: también ayudaste para que fuera posible. Te quiero profundamente; bendecida siempre de haberte encontrado en mi historia. Un beso grande de mi corazón al tuyo.

Y por qué no escribirme a mí también…

Tres de abril de 2010… tan diferente a ese abril del año pasado… Esta mujer que recobró los deseos, las ganas, las sensaciones se incorporó a mí para siempre. Hoy ella y yo somos una. Estamos aprendiendo a conocernos, amalgamándonos, aun sin olvidar, caminando juntas por la única ruta del reparo. Desde acá pienso, siento, proyecto. Estoy de pie, despierta con la atención puesta (casi en exclusividad) para no perderme nada. Me da gusto disfrutarme, haber vuelto, haber reencontrado tanto de mí, sin asombro, descubriendo pasos nuevos. La posibilidad de esta vida, de este presente sin dolor me conmueve; muchas veces hago una pausa preguntándome si será para siempre. Y, si la lucidez y la reflexión me lo permiten, excluyo el miedo, y solo trato de vivir cada nuevo día, sin extremos, pero como si fuera el último. El dolor no me provocó grandes pérdidas (más allá de que tantas veces pensé que fueron demasiadas). A cambio me dio serenidad. El dolor se quedó en el quirófano, donde el doctor Fabián Piedimonte le dio batalla.

Mi realidad hoy está centrada en la posibilidad de empezar y terminar el día sin síntomas del dolor crónico, del espanto del dolor neuropático. Hoy me despierto, me levanto, enciendo mi neuroestimulador, y comienza un nuevo día. No lo proyecto ni lo postergo: quien se había adueñado de mis decisiones, de mis intenciones, de cada una de mis actividades ya se murió.

Soy la protagonista de esta historia; disfruto y, aunque parezca obvio, todo se me vuelve radiante y con capacidad de asombro. Puedo pensar sin ninguna nebulosa, lo que antes lo impedía el no dormir o el exceso de medicación. Hoy, el tan conocido "Me duele" fue reemplazado orgullosamente por todo lo que hago.

El doctor Piedimonte y su equipo, con su intervención exitosa, gestaron este cambio e hicieron posible que mi vida sea hoy casi normal. Cada electrodo colocado en cada lugar exacto mató ese gran espacio de dolor que ocupaba mis días. Este no dolor me permite tener sueños, deseos y proyectos por cumplir, nunca puestos a largo plazo.

Después de haber padecido estos largos diez años y de haber encontrado la alternativa de vivir sin sufrimiento, solo subrayo que lo valioso es el día de hoy. Mi vida cambió milagrosamente (y no estoy utilizando esta palabra con carencia de respeto). Sé que la ciencia hizo mucho; que, en estos años, profesionales, investigadores, científicos y médicos pasaron horas en búsqueda de batallas que vencieran el terrible flagelo del dolor.

Hoy puedo gozar de esas batallas ganadas: la mía se llama "neuroestimulador", "marcapasos del dolor", ese aparatito, la única esperanza que me quedaba cuando ya no tenía resto y que me devolvió la posibilidad de vivir dignamente.

No me importa por cuánto tiempo; quizás sea por siempre y tal vez sea hasta su reemplazo. Para mí, lo más importante es el día de hoy, en que volví a sonreír, a pensar, a sentir, a soñar; me dan ganas de levantarme, y no volver a meterme en la cama.

Mi cuarto dejó de ser mi búnker; no hace falta amotinar más el extremo sufrimiento: hoy puedo disfrutar. Este espacio que se había llenado de tanto dolor dejó de tener color de enfermedad.

Entonces pienso:

En este año, el sostén de todos fue indispensable e irremplazable. Aprendí que lo mejor de mí sigue viviendo; nada se murió con el dolor, con la inmovilidad, o con un cambio en el padecer cotidiano. Por el contrario: aprendí que uno trasciende más allá del padecimiento físico.

Si emprendo la difícil tarea de aceptar convencida de que mi entrega despojada de egoísmo es el estilo de vida que quiero y que los demás eligen de mí, ya no busco los porqués.

Más allá de muchos dolores, de tantas angustias, de tantas vueltas, estoy convencida de que pocos tenemos el privilegio de elegir la vida que llevamos. Estos meses tan complejos me hicieron más sólida.

Y sigo pensando y volcando mis sentimientos porque estos son parte de este transitar…

Y especialmente a quien me sostuvo y me desafió a vivir sin dolor. Gracias, Dr. Fabián Piedimonte, por devolverme una vida digna, por permitirme volver a ser quien era.

Por haberte comprometido a que volviera a vivir.

NOVIEMBRE, 2023

Desde la aceptación, es posible encarrilar tanto padecimiento y orientarlo hacia el lugar que nos permite sobrellevarlo. Desde la adversidad hay un camino más simple que contribuye al aprendizaje, a ese que no teníamos incorporado y que hoy es necesario para revertir la contrariedad. Aparece algo similar a la sabiduría matizada en proporciones iguales entre la humildad y una capacidad diferente más clara. El sufrimiento, la agonía y la desesperanza nos pueden convertir en seres egoístas. Poder hacer la elección correcta está en cada uno.

Siempre ellos

Siempre ellos.
Mi familia.
Mis amores más profundos.

Edgardo

No es menor el dolor, la contención y comprensión de las personas más cercanas, esas que se despiertan con nosotros y terminan el día a nuestro lado. Y esta parte de mi libro está dedicada a ellos: mi marido y mi hija.

Cuando mi dolencia empezó, creíamos que todo iba a estar resuelto luego de la primera cirugía. Hasta ese día de la caída, mi vida era muy diferente. Ya vivíamos en Pilar y, desde chica, el deporte había ocupado un lugar muy importante: jugué al hockey muchísimos años; practicaba natación, tenis, vóley. Luego, ya más grande y cuando dejé el hockey (o este a mí), me dediqué mucho al tenis y luego al golf, último deporte que practiqué. Luego de un partido, me caí de una silla tomando una gaseosa en el hoyo 18, y allí empezó esta locura: de ser una mujer y una mamá ocupada y divertida pasé a ser alguien muy diferente. Es cierto que la enfermedad no se elige, pero mi marido y mi hija eligieron acompañarme y alentarme. Fueron la viga que me sostenía: es casi imposible de explicar con palabras. Sin duda, tuve la bendición de que estuvieran siempre. Sin quejas, solo con gestos de cariño.

Edgardo manifestaba que esto era de los dos y que íbamos a salir adelante, que íbamos a estar mejor: usaba el plural porque no era yo, sino los dos. Siempre ocupó ese lugar. Cuando mi historia con el dolor empezó, yo era demasiado joven, y tuve que acomodarme a realidades no deseadas y, en ese aprendizaje, la tarea fue de a dos.

Se supone que, ante la enfermedad del otro, está implícito que se debe estar con el otro. Pero a veces no es así. El dolor crónico puede hacer claudicar al más comprometido, ya que podemos saber cuándo comienza, pero no cuándo termina. Haber tenido (y seguir teniendo) un hombre con la paciencia, bondad y contención de mi marido no quitaron dolor, pero ayudaron a transitarlo. No sé cómo es estar afuera, es decir, no sé cómo se acompaña. Por muchos años me ha costado acompañarme, y por mucho tiempo me he enojado. Edgardo, mi marido, el amor de mi vida, fue (y es) el hombre más generoso que he conocido, y la bendición de esta vida juntos me llena de emoción.

Siempre estuvo tan cerca... sin reclamos... Hizo, de mis dolores, de mis caricias, de mi falta de ganas, grandes abrazos de silencio, noches sin dormir, con su mano aferrada a la vida, cuando el dolor embestía con todo.

Recuerdo cada entrada al quirófano con su frase de aliento: "Mirá que te voy a estar esperando". Estuvo presente en todas mis cirugías, y fue siempre el que se quedó conmigo después de estas. Su amor me sigue enamorando. Mi admiración por él se ha multiplicado en estos años. No sé cómo hubiese sido mi vida sin él a mi lado. Solo me queda decirte: "Gracias, mi amor, gracias por todo lo que sos, gracias por todo lo me das". Nuestras almas siempre seguirán juntas en este bello recorrido de la vida.

Las ganas eran muchas, pero el impedimento físico era el único protagonista; no dejaba que nadie opacara su espacio. Muchas veces, aun así, supimos restablecernos, encontrando momentos que hicieran mejores nuestras vidas. Hubo tanta angustia y ayuda compartida que, aun sin dejar las historias personales, cada dificultad nos supo unir, aferrarnos y crecer juntos.

Con el agotamiento que provocaba cada nuevo día para empezar, uno compensaba al otro entre tantas subidas y bajadas. Tantos detalles, tantos cuidados, tantos permisos, tantas madrugadas despierto y cercano… para recordar el horario de la medicina, para prepararme un baño tibio que apaciguara mi dolor. La impotencia de no saber cómo auxiliarme seguramente lo torturó por mucho tiempo porque es complejo calmar. Solo en sus brazos por las noches, encontré refugio.

Agos

Fue muy difícil para mí sentir que dejaba a Agostina cada vez que entraba al quirófano, las veces que no pude acompañarla, las veces que solo por ella hacía el esfuerzo y me levantaba partida de dolor. Pero creo que lo más difícil fue lo que ella vivió, enfrentándose tan chica a una situación muy complicada, como la que vivimos por diez años en nuestra casa.

Agos superó los momentos con madurez; me hacía compañía, se ocupaba de cosas que yo ya no podía hacer, sobre todo en los últimos tiempos, cuando no podía hacerme cargo de casi nada. Ella me cuidaba, estaba atenta; vivió mi enfermedad con mucha fortaleza. Supo ser sostén. Aunque esto, para la vida de los padres y de los hijos, es al revés, Agostina muchas veces me dio ánimo para que siguiera adelante. Se preocupaba por mi dolor; me alentó a poder tomar la decisión de implantarme el neuroestimulador medular y muchas veces, sin saber qué hacer, solo se acercaba a mi cama y me decía: “Mami, lo que daría para que no te duela…”.

Me compraba flores, me traía un libro, un camisón, un chocolate para sentirme mejor, para levantar mi ánimo. Curó más de una vez mis heridas; me acompañaba al médico. Estaba muy atenta a todo lo que me pasaba sin descuidar sus actividades. Ella fue una de las personas que más estuvieron en esta historia. Aprendió a ponerse en el lugar del otro; su generosidad, su paciencia, sus ganas, su aliento, sin duda, me ayudaron a seguir.

Tuvo que hacerles frente a sus propios temores. Una vez, yo estaba muy mal (después de una de mis primeras cirugías) y me regaló una medalla de la Virgen Niña. Me la entregó al salir del quirófano, y me dijo: "Mami, para que te cuide; tenía tanto miedo de que te murieras...". Supongo que, cada vez que yo atravesé un momento delicado, habrá sufrido mucho.

No sé si alcanzará cada palabra de este libro, o cada beso o cada abrazo que pueda darle durante toda mi vida para agradecerle todo lo que me dio, todo lo que me acompañó, cada momento que asumió sin reclamos y sin enojos. No habrá nada que compense su entrega. Ni habrá nada que exprese este sentimiento tan profundo que lleva todo mi amor y mi agradecimiento. Es un orgullo infinito que seas mi hija. Pero más importante es saber quién sos. Gracias, Agos. Gracias por haber estado tan cerca. Te quiero profundamente, siempre.

A mis papás y a mis suegros

Para ellos fue difícil verme sufrir, acompañarme. Estuvieron presentes sin preguntar, y aun sin entender mis decisiones médicas. Nada es más triste que ver el dolor de un hijo. Solo desde mi lugar como mamá, logré entender que también para ellos estos años fueron terribles.

La presencia de ellos siempre fue muy importante. Los necesitaba cerca, en cada entrada al quirófano y los quería ver cuando me despertaba de cada cirugía. Les pedía ayuda, y ellos estaban sin preguntar. Se ocuparon muchas veces de mi hija, de mi casa; me acompañaron en estudios complejos, en largos días de internación y en los momentos más agudos de mi sufrimiento. Creo que han padecido mucho estos años. Hoy, verme sin dolor los hace felices. Hoy, verme con una vida casi parecida a la que tuve los reconforta.

Es buen momento para agradecerles, quizás, muchas cosas, sobre todo la dedicación y amor que me dieron. Para ellos tampoco alcanzarán mis palabras; ojalá que puedan sentir, en este agradecimiento, todo el profundo cariño que les tengo y la necesidad de expresarles lo importantes que son siempre en mi historia.

Y cada día vuelvo a comenzar, más consciente y más viva

Cuando comencé con el tratamiento del dolor en la última etapa (donde lo neuropático ya era diario), me agregaron el uso de un bastón. No fue fácil: la verdad, mi deterioro era notable, y este ingrediente no me hacía feliz, pero mi pierna, abrumada de tantas crisis, con poca sensibilidad y sin fuerza, no podía por sí sola. A los más cercanos no les gustaba verme caminar con ese apoyo: les mostraba cómo mi salud iba declinando.

Me era doloroso aceptar el bastón, ese pedazo de palo que hacía de media pierna. Pero, muchas veces solo con este, lograba que la gente entendiera qué me estaba pasando. Me costaba tanto caminar... En esos días, el dolor era muy agudo; sentía que una vara de metal me atravesaba desde las lumbares hasta la planta del pie. El bastón hacía de suplemento, y las miradas me ponían incómoda.

Durante casi un año formó parte de mi anatomía; me costó llevarlo, y mucho más a mi entorno: ante una fiesta, una cena, o algún otro compromiso, me sugerían que por esas horas lo dejara en casa o en el auto.

Antes de haber pasado por esta historia de dolor, no era demasiado consciente de las discapacidades físicas. Hoy estoy atenta a que un auto no interrumpa una rampa, a dar paso a un peatón, a dar prioridad a quien lo necesita. Es complejo aceptar la discapacidad, la mirada que nos dibuja y que se siente en nuestro caminar; muchas veces tuve que exagerar en esfuerzos para que lo que padecía no se advirtiera. Sumarle al dolor físico la angustia que producía mi decadencia hizo por esos días sentir que mis fuerzas se estaban agotando.

Luego de la cirugía en donde me implantaron el neuroestimulador medular, dejé guardado el bastón en el auto de mi marido. Nunca más salió de ahí. Nunca más lo usé.

HOY, en esta nueva etapa sin DOLOR, podría solo disfrutar de mi propia vida, pero lo aprendido me dejó como misión LA COMPAÑÍA, LA TOLERANCIA, EL COMPROMISO para con tantos que hoy sufren y saben de desesperanzas, de pocas consideraciones y son subestimados, porque el dolor a veces sostenido en el tiempo pierde credibilidad. Es frecuente sentirse incomprendido, fuera del entorno, ajeno a lo común cuando los meses y los años pasan. Así fue cómo lo viví. Por eso, para ustedes, para los que me acompañaron y para mí, es este libro que está en tus manos.

Epílogo

El 2009 me dejó más de lo que se llevó

El dolor me ha dejado mucho más de lo que me ha quitado (y eso que se llevó mucho). Desde allí entiendo por qué hace tiempo siento la necesidad de estar en el lugar del otro, más aún si esta posición es ocupada por quien sufre un dolor físico o del alma. Estoy convencida de que, a partir de lo padecido, mi misión por cumplir es esta, descubriendo que me da mucho placer, me restablece la fe y me enaltece.

Cuando hago esto, sin duda, es un camino sin esfuerzo. No conozco qué es lo nuevo a señalarme, pero no lo busco y sí lo acepto. Sé que debo acercarme a quienes están solos, a quienes sufren, a quienes aparecen sorpresivamente o a los ya conocidos. El tiempo dedicado es, sin duda, junto con mi palabra y con mi experiencia, la posibilidad de acompañamiento. Con la humildad necesaria para decir esto, creo que, a partir de lo vivido, tengo la sensación de ser mejor persona. Hablando de esto, en una profunda charla terapéutica, desde la reflexión íntima y más libre, conversamos de la dignidad que da el dolor. Y no es obvio esto: es, muchas veces, hasta confuso en el sentir. Pero, cuando aparece, nada lo puede igualar. Tratando de analizar los dolores (tanto los del alma como los físicos), en donde, en igual forma, las emociones juegan y son motivadoras de cada acción, llegamos a la conclusión de que el dolor marca un antes y un después y, aunque parezca una frase de rutina, es una parte de la historia que se vive diferente a partir de haber transitado por una ruta marcada por este.

La dignidad es una palabra extraña de definir; nos sentimos dignos cuando somos buenas personas, realizamos buenas acciones o cuando tenemos la certeza de que, aun provocando malestares en los otros, nunca tenemos la intención de que esto suceda. La dignidad tiene que ver con el compromiso, la sencillez, la humildad. Y, ante algo extremo como fue en mí el dolor crónico, siempre hubo dos caminos a seguir: el del enojo o el de la aceptación. Y en este aprendí a sostener que la vida es para apostarle; es el misterio y la creencia lo que da esa voluntad de seguir adelante. En el padecer, se puede tomar la decisión del enojo, de los porqués sin respuesta, de los peores pensamientos. O, por el contrario, sentirnos más dignos. Este no es un privilegio único de mi pensamiento: lo vivo como propio, y también lo aprendí de la experiencia de quienes me acompañaron, me acompañan y siguen siendo puntales. Es un estilo; es esencia, un referente, una elección de quienes han padecido el dolor tanto como yo, o a mi lado, por mí o por sus propias experiencias personales. Luego de mi última intervención (la del implante del neuroestimulador), en un lugar tan respetado como lo es el espacio terapéutico, pudimos hacer un gran trabajo de entendimiento y transcripción de cómo las situaciones dolorosas y traumáticas dignifican. Yo sentía cambios muy profundos y una sensación gratificante, con la certeza de que lo aprendido era mucho más fuerte que lo abandonado o destruido, descubriendo, en la mirada y palabras de mi terapeuta, que ambas, con diferentes palabras, hablábamos de lo mismo. Cuando se toma consciencia, cuando existe este contacto tan íntimo como profundo, no es que se quiera pasar por esto otra vez, pero en algún lugar una encuentra un reparador "Valió la pena". Después de lo vivido, sin duda, el cambio se produjo. Más allá de que ayuda no padecer, estoy convencida de que haber adquirido la posibilidad de mirar mucho más al otro me sigue poniendo en un lugar más digno, cada día, a cada momento. Antes debía hacer un gran ejercicio con mi voluntad; hoy sé que no es un esfuerzo entender, acompañar. Me motiva la idea de ser útil y, sin duda, me ha dignificado tanto dolor. No encontraba cómo poder expresarlo; sentía que era madurez, lucidez, compromiso. Emilia supo explicármelo, posiblemente desde su propia experiencia personal, o de la de tantos otros que se sentaron en su consultorio. No importa... Solo me da tranquilidad saber que, como sea, sigo sosteniendo que el dolor me enseñó, más allá de lo que me robó.

A muchas personas que hoy padecen dolor crónico y neuropático puede parecerles que mi descripción de la llegada de este momento de dignidad nunca va a llegarles. Yo también pensé esto muchas veces. Y, en el camino, la posibilidad de vivir sin más con este me condujo a conceptuar que la dignidad existe, que se puede ser más digno, aun habiendo sorteado miles de barreras, aun habiendo perdido batallas, con el sostén de nuestras propias vidas, la fe, el entorno y la calidad y compromiso de los profesionales, y haciendo base en un acompañamiento terapéutico de excelencia. No duden de que, si toda esta combinación funciona, la voluntad se extrema, la paciencia se retoma y la fortaleza espiritual se solidifica. Aunque el dolor parezca eterno, se puede.

Tiempos difíciles: quirófanos

Entrar y salir en posición horizontal me da vértigo, inquietud. Hablo de los quirófanos que solo deberían ser elegidos cuando no hay otra opción. Describirlos me da la sensación de quietud, mármol, frío. No se puede optar. La enfermedad nos deja sin alternativa. Se escucha el instrumental metálico; el acero tiene un olor especial, una indefinida forma táctil y horrorosa. Huelo, escucho, me toca.

Siempre me queda la duda de qué piensan los que de ese lugar hacen una segunda forma de vivir. Más allá de salvar vidas, de mejorar otras, de estar concentrados abocadamente a la tarea, ¿cómo harán para distender la mente cuando la presión lo exige? Hasta que me implantaron el neuroestimulador, ingresé cuatro veces para reparar mi columna, sin contar los ingresos anteriores (histerectomía, vesícula, apéndice), cirugías casi menores al lado de todo esto.

Me acuerdo de aquella tarde cuando me fijaron la columna. Yo tenía la sensación de que algo no iba a estar bien; sabía de la complejidad de la intervención. En realidad, mi estado de salud era bueno, por lo cual no tenía por qué creer que algo podría pasarme. Pero no quería entrar, y otra vez me preguntaba por qué. Respiro hondo; es tan agudo lo que siento en el recuerdo que mi garganta se cierra.

Les pedí a los médicos que no me anestesiaran en el lugar puntal de la cirugía y que solo me sedaran un poco. Les pedí rezar un padrenuestro, y les dije que, ojalá, Dios los guiara para que todo saliera bien, y que, si así no pasaba y me tenían que enviar a terapia intensiva, lo hicieran en compañía de mi marido, porque sola me moría. Pasaron más de seis horas, y había que despertarme, pero yo no volvía.

Desde donde estaba, los veía: eran muchos, algunos con rostros que no estaban en las horas previas, la mayoría hombres. Se escuchaban voces. "Sacala —decían—, dale". Alguien comprimía mi pecho; después advertí unos dedos marcados sobre mi lateral izquierdo. Las palabras se mezclaban; el volver y el irse se hacían uno con el bullicio, las órdenes, los gritos. En un momento, me pusieron un teléfono de color beige sobre mi abdomen, y me gritaron: "¡Hablá, hablá, es tu hija!". Y la voz de ella, inconfundible, me sorprendió. Me acuerdo de que me preguntó: "¿Cómo estás, mami?". Contesté: "Bien, enseguida vuelvo". Y me desperté, y volví. Y entonces empecé a reconocer caras; alguna voz se hizo familiar y, finalmente, me subieron a mi cuarto.

Conectada de ambos lados (sangre, suero, drogas y, posiblemente, bocanadas de aire que me iban devolviendo a la vida), trataba de recuperarme, pero me sentía tan mal que tuve la certeza de que el regresar no había sido nada simple. Nunca me explicaron por qué no me había despertado tal cual lo previsto, ni por qué mis glóbulos rojos habían bajado en forma tan abrupta, ni por qué después había levantado fiebre, ni por qué mi pecho tenía marcas de dedos.

Esa noche fue terrible; no podía ni sostener la cuchara para dar un sorbo a la sopa que me obligaban a tomar. Era tarde; la gente no se iba, y yo solo quería dormir, aunque no pude, a pesar de los calmantes, la medicación para conciliar el sueño y la compañía de Edgardo.

Por mucho tiempo la intriga de qué me había pasado no podía escaparse de mis pensamientos diarios.

* * *

Un día me enteré de que esa tarde había estado mal, de que no volvía de la anestesia, de que había sido complicado y de que se había suscitado una descompensación cardíaca. Entonces pregunté por qué me habían puesto un teléfono con la voz de mi hija del otro lado. Y la respuesta fue: "¿Por qué persona nunca te hubieses ido? ¿No volverías siempre por tu hija? Uno solo vuelve por ellos…". Me quedé helada, sin palabras, tan pocas como las que hoy tengo para explicar casi lo intransferible. Lloré. Y le di la razón: "Es verdad, solo por ella". No quise saber nada más.

Me quedó lo traumático de no poder ponerme boca arriba; la evidencia de que vi la vida desde otro lugar, de que hay cosas que nunca se dicen o se disfrazan porque, algunas veces, quienes están del otro lado se ponen en este lugar de paciente. Por eso, cuando en mi historia me crucé con otros profesionales que hicieron gala de compromiso y de ser buena gente, me sorprendí; me costó creer.

En el quirófano es imposible conocer los movimientos, las formas, los procedimientos. Solo una vez vi una larga lista de medicamentos, calmantes, antitrombóticos, vendas, aguas, vías, sueros que eran utilizados en una cirugía, y me impresioné. Aún me impresiona.

Tardé meses en recuperarme de la cirugía de fijación de columna: se mezclaban mi desgano, mi ánimo, mi falta de apetito, mi sensación de que ya no volvería a ser quien había sido. ¿Qué pasó ese día? Solo recibí como respuestas estrictas referencias, poca data, una imperiosa y prepotente necesidad de explicarme que todo estaba bien, que yo había respondido, que estaba compensada y que habían sido largas horas de anestesia.

¡Ay, Dios mío! Si eso era estar bien… Por años me costó serenarme. Tuve que trabajar terapéutica, emocional y familiarmente para volver a ingresar a un quirófano. Y ese volver me provoca otra vez la inmovilidad en la que me sumerge, me hace sentir el camisolín quirúrgico atado a mi cuerpo, la vía que lastima la muñeca, el suero, las plaquetas, la sangre, los ganchos en la herida.

Aprender se hacía difícil y debía darle batalla al enojo. Es cierto: pude. Difícil tiempo el año 2000. Mi segunda cirugía de columna: traumática, severa. Si pudiera olvidarla, si mi mente solo se llenara de este presente y escapara para siempre de aquello que he vivido, olvidando tanto dolor... pero siguen los recuerdos: volví a casa... cama ortopédica. La primera semana, solo dormía. No tenía energía. La saciedad provocada por las tomas diarias de hierro sacaba mi apetito; mi desgano aumentaba. Lo molesto del corsé diurno y nocturno, el moverme en bloque, la ayuda para bañarme, el cuidado de la herida, los puntos, una infección que me sacudió y el miedo a un rechazo de la prótesis. No fue fácil esa época. Mi hija era chica, y yo sentía una profunda culpa, manifestada en el abandono. Hoy, con ya más de diez años transcurridos, estoy entendiendo, por sus palabras, que nunca sintió ese abandono.

El dolor se me notaba en la cara, más allá de haber aprendido a disimular, pero las ojeras se acentuaban, así también como los signos de sufrimiento; el brillo de mi mirada se perdía; y no aparecía mi sonrisa.

No dejo de pensar en mis situaciones tan desgarrantes como traumáticas dentro del quirófano, sin olvidarme de que ninguna vez fue igual y de que, en estos casos, el cuidado de la transferencia de lo vivido debe ser extremo porque nunca lo que uno vive es igual en otro. Mis entradas a los quirófanos, así como mis anestesias, jamás fueron parecidas ni en mis recuerdos, ni en las formas al despertarme, y mucho menos en lo que he sentido antes de dormirme. Ese año fue intenso, de gran esfuerzo, de sentir que, con cada paso que hacía en paralelo, retrocedía.

Un nuevo camino

Pasado un tiempo, empezó a aparecer en mi mente una nueva sensación de que había todavía mucho por recorrer. No sabía muy bien por dónde ni para qué. Pero sí sabía que había algunas emociones y algunos recuerdos que todavía hacían en mí un especial y constante ruido.

El dolor casi no era habitual, aunque a veces se le ocurría molestarme con alguna nueva crisis que me anulaba por unos días. Se llevaba todo lo aprendido y me dejaba la idea de que otra vez volvería para siempre. Luego las preguntas obligadas: "¿Otra vez?", "¿Por qué a mí?". Si bien muchos "¿Para qué?" ya tenían respuesta, sentía que algo más debía encontrar, que mi mente no se conformaba con haberse quedado en este lugar cómodo de que a veces unos días en cama eran normales, más allá de mi neuroestimulador, atribuyendo las causas a mi exceso de actividad, a levantar algo incorrectamente (o hasta a mi estrés). Pero mi alma me decía algo que por mucho tiempo no entendí; no sabía qué hacer, pero sí sabía que algo nuevo me estaba esperando.

Al hacer deporte toda la vida, siempre esas ganas de poder mover mi cuerpo me ilusionaban. Pero había aprendido que caminar era ya una bendición, aunque a veces también me provocaba dolor.

Me costaba mucho llenar mi tiempo, saber qué hacer. Más allá de las horas en las que viajaba para llegar a mi trabajo y el tiempo que estaba en la empresa, sentía profundamente que necesitaba, por un lado, hacer algo con mi cuerpo físico y, por otro, sanar heridas emocionales. Por años el dolor fue la mayor ocupación y preocupación que tenía mi historia Y, en esa incomodidad, uno se siente como si estuviera está bien; acepta y sigue. Pero quería hacer algo más allá de mis maravillosos años de terapia, de ese acompañamiento terapéutico que fue sostén y reparo, que me permitió seguir adelante, que me rescató de tantas caídas. Tenía inquietudes, otros caminos más relacionados con lo espiritual, con sanar mi alma, y hasta con borrar muchos de esos recuerdos que me seguían provocando miedo, emociones encontradas, situaciones que llevaba a la vida diaria, y que no podía resolver, que me alejaban de mí, de mis verdaderos proyectos y propósitos. Había pasado tiempos muy complejos y, creyéndolos ya superados, todavía tenían bastante permiso para refrescarme esta etapa tan difícil, ya que se daban el lujo de aparecer cuando menos lo pensaba.

En todo este recorrido, aun recurriendo a lo convencional de la medicina y a lo no convencional, nunca me había animado a otras alternativas. Por ejemplo, disciplinas tan importantes como yoga. Y muchas que se daban en consecuencia, como la meditación, las técnicas de liberación, el tapping… tantas otras posibilidades que hoy son parte absoluta y prioritaria de mi vida. Hace unos cuatro años atrás no sabía nada de estas. Muchas aparecieron, sin duda, por algo en mi búsqueda. Sabía que ya no quería darme excusas para no animarme o para quedarme en ese lugar hasta placentero, aunque parezca un poco loco.

Aun aceptando que me había tocado esto, también me dejaba quieta, sin mirar más, sin enfocarme en otro lugar. Ya bastante había sufrido, y había logrado con el casi no dolor definitivo. ¿Para qué algo más? Ya estaba tranquila y agradecida por mi momento presente. Así y todo, sentía un gran ruido interno. Creo que era el miedo. Seguro que era el miedo. Pero también fui aprendiendo que ese mismo miedo era normal y necesario, y disparador de otras posibilidades. Si no hubiese tenido miedo, quizás me hubiese quedado en esa comodidad de no buscar nada. ¿Para qué, si como estaba era suficiente: caminaba, manejaba , y casi siempre sin dolor? ¿Qué era lo que me motivaba a buscar más? Aunque siempre me gusta saber, aprender, buscar. Por otro lado, ese miedo también me frenaba. Ese miedo a volver a sentir dolor me ponía un límite. ¿Para qué cambiar algo si todo estaba bien? En realidad, creo que luego pude entender que esos conceptos de quedarme en ese lugar de comodidad y de conformidad me estaban haciendo perderme otras posibilidades.

Recuerdo ahora que, cuando no tenía más dolor, ya pasados tres años, se me presentó la posibilidad de trabajar. Por un lado pensé decir un sí grande y, por otro, un no enorme, ya que había que viajar, dejar mi casa, estar muchas horas fuera, dedicar mucho tiempo a esta nueva actividad. Y, así y todo, empecé a trabajar, y fue una de mis mejores decisiones.

El dolor me había inhabilitado para muchas cosas. Desde el sufrimiento hasta su desaparición, se me dieron muchas otras formas de vivir la vida. Entre estas, poder llevar adelante una empresa: un nuevo desafío que me entusiasmaba y que, por herencia familiar, me tocaba asumir. Y ya llevo casi diez años trabajando día a día.

Pero esa era una parte de mí. Había algo más que me motivaba a buscar en este camino transformador. Me invadían sensaciones y pensamientos constantes de explorar otras rutas; no tenía muy claro qué era lo que estaba buscando, lo que daba tantas vueltas en mi mente. Sí sentía que quería hacer más por mí, transformar ideas, modificar diálogos internos, palabras que no resonaban bien. Y muy consciente de querer hacerlo desde ese lugar. El presente se mostraba como el mejor momento para poder elegir y como la mejor versión que quería construir. No había otra posibilidad. Necesitaba animarme, aun llena de miedos. La única forma era construir, abrazando esos miedos. Empezar a enfrentarme a esas situaciones de querer resolver, de querer modificar, de querer sanarme me asustaban. Era un gran desafío... es un gran desafío, quizás, el mejor al que me pueda enfrentar. Así me animé, pude animarme. Y sigo animándome.

Anexo 1

Primum non nocere

"Primero no dañar"... Cuánta veracidad contenida en tan sencilla y escueta sentencia. Desde el mismo origen del pensamiento hipocrático, no ha existido frase más adecuada que resuma cómo debe actuar un individuo para con un semejante a la hora de intentar curar.

No existe hipótesis, teoría, fórmula, dogma o receta que supere este sencillo, pero trascendental concepto. Es al galeno lo que la brújula es al navegante. Lamentablemente, no siempre nos acordamos de nuestra brújula, y las chances de perder el rumbo se incrementan; hasta podemos naufragar antes de alcanzar nuestro destino, tema no menor y preocupante en las últimas décadas...

Publicaciones científicas de alto impacto en la comunidad médica internacional alertan del exponencial aumento de pacientes que culminan, luego de múltiples cirugías de columna, con el rótulo (cada vez más de moda) "FBSS".

Son individuos que, ante un cuadro de dolor en la cintura (lumbalgia) o dolor irradiado a los miembros inferiores en la trayectoria de alguno de los nervios que constituyen el nervio ciático (ciática), son sometidos a algún tipo de cirugía de columna (en muchos casos, múltiples intervenciones), con un denominador común: ¡dolor! Este puede mantener características similares a las de aquel que motivó la cirugía, o ser absolutamente diferente.

Aquí es donde una vez más se cumple el tradicional adagio "Es peor el remedio que la enfermedad". Muchas veces este "nuevo" dolor se comporta de forma más virulenta, en su intensidad, distribución y duración con relación al original, con el agregado de un paciente que ya ha sido intervenido en busca de alivio, sin haberlo conseguido.

Numerosas son las causas que pueden condicionar un SCFL; sin embargo, unas pocas son responsables de la mayoría de estos desafortunados casos.

En el ranking se disputan los primeros lugares...

- **La sobreindicación quirúrgica.** Pacientes que podrían haber resuelto su cuadro de dolor insistiendo con el tratamiento conservador (reposo, kinesioterapia, medicamentos, etc.) o mínimamente invasivo (infiltraciones, bloqueos selectivos, etc.) y, sin embargo, son intervenidos prematuramente.
- **Error diagnóstico.** Así como todo lo que reluce no es oro, tampoco todo lo que duele en la espalda es una hernia de disco. A pesar de esto, no es infrecuente observar pacientes intervenidos por hernia discal cuando su dolor se originaba en otra estructura.
- **Técnica inadecuada.** Lamentablemente, en muchas oportunidades, aunque el diagnóstico sea el correcto y la estrategia quirúrgica la adecuada, esta no está exenta de complicaciones que pueden ser la causa del fracaso terapéutico. La mala posición de los tornillos con el daño, compresión o irritación de las raíces nerviosas o la inestabilidad que se genera luego de una amplia resección ósea y ligamentaria son ejemplos claros de esta eventualidad.

He aprendido, con el correr de los años que los ejemplos aislados no son determinantes para justificar tendencias o para argumentar, con sustento racional, una posición diagnóstica o terapéutica. Para esto hemos recibido con beneplácito, en los últimos años, la Medicina Basada en la Evidencia (MBE).

Pero debo reconocer que estos ejemplos aislados que surgen de la práctica cotidiana son increíblemente valiosos a la hora de nutrir una de las herramientas más útiles en nuestra actividad: la experiencia.

Suelo recordar con bastante fidelidad la mayoría de mis aciertos e, invariablemente, no olvido ninguno de mis fracasos. No es voluntario, ni siquiera producto de la ejercitación. Es, simplemente, así, y lo agradezco porque creo que me ha servido a mí y a mis pacientes.

Probablemente, juegue un papel importante la memoria, uno de los pocos atributos que resaltaban mis allegados como una virtud destacable en mi persona durante mi infancia. No obstante, me costaba comprender con claridad la casi metafórica comparación que sentenciaba con frecuencia mi abuela: "Tenés la memoria de un elefante". Suponía, por la circunstancias de su comentario y del énfasis en este, que el elefante debía tener al menos una memoria destacable. Sin embargo, durante mis interminables y muy frecuentes recorridos por el zoológico (durante años viví frente a este lugar), me detenía casi inmutable, a contemplar al voluminoso animal, respirando admiración y respeto por su exagerado tamaño, por la longitud y movilidad de su trompa. Había leído por ese tiempo que esta estaba compuesta por más de 400 músculos. Sin embargo, no logré a entender nunca lo de su memoria. Es más: muchas veces me preguntaba, de ser cierto lo de la memoria prodigiosa, para qué le serviría realmente.

Son mayores las oportunidades en que me toca agradecer la facilidad de poder recurrir a los infinitos anaqueles de la memoria esparcidos en la mente y recobrar recuerdos útiles y oportunos. En otras situaciones preferiría contar con un dispositivo selectivo de borrado. Hasta ahora no es posible, y por ello intento recuperar lo útil, por más mínimo que sea, de los recuerdos no tan ansiados por ser recordados.

Durante un día habitual de consulta, algunos años atrás, procedí como todos los días. Casi en forma ritual, tomé el listado de los pacientes citados; conté primero la cantidad general (nunca el número era inferior a veinte) y posteriormente leí cada uno de los nombres de la lista. Era poco probable que no reconociera un paciente que ya me hubiese consultado previamente y que, adicionalmente, no recordara , al menos, lo fundamental de su padecimiento.

Efectivamente, el automatizado recorrido visual del listado se detuvo en forma brusca al identificar un nombre que, oculto temporariamente en algún recóndito rincón de mi memoria, nunca podría olvidar. No había recibido noticias de NR en los últimos seis años, para bien o para mal; nunca más nos había consultado.

Era entendible. No había resultado sencillo, en esa oportunidad, informarle a NR que, por el momento, habíamos agotado los recursos para intentar controlar su sufrimiento.

NR había recibido, durante los diez años previos al arribo a nuestro centro, ocho intervenciones sobre su columna y desarrollado un cuadro de dolor crónico residual lumbar y ciático de muy elevada intensidad, lo cual comprometía significativamente su calidad de vida.

Recordaba con precisa claridad, como fragmentos de una película, todas las estrategias que habíamos llevado adelante durante una prolongada internación, de prácticamente dos semanas, a consecuencia de una reagudización de su dolor.

Agotada la instancia farmacológica, y ante el fracaso de todas las terapias intervencionistas racionalmente indicadas (incluyendo bloqueos selectivos, denervación por radiofrecuencia, prueba de infusión de fármacos a nivel espinal, entre otras), consideramos la estimulación medular como el último recurso posible. Conversamos profundamente con NR y con su familia sobre las características del procedimiento, sus riesgos y sus expectativas reales.

Mediante una simple punción en la región lumbar, utilizando permanente control de rayos X, y bajo una sedación a cargo del anestesiólogo, introdujimos un delgado electrodo al interior del canal raquídeo con el objeto de llevar a cabo una prueba de estimulación de la médula espinal con fines analgésicos. A través de este, y durante un período de aproximadamente una semana, se sucedieron múltiples pruebas mediante un generador externo de impulsos eléctricos utilizado habitualmente a tal fin, con el objetivo de confirmar o descartar la efectividad de esta estrategia terapéutica.

Enfrentándose a nuestro deseo y lamentablemente ratificando nuestra amarga intuición, el resultado de la prueba no fue convincente. En términos objetivos, NR no obtuvo, durante el período de estimulación temporaria, un alivio que pudiese considerarse igual o mayor que el 50%, requisito fundamental para imaginar al paciente candidato para el implante definitivo de un sistema de estimulación medular.

Recuerdo con exasperante nitidez el momento durante el cual debí transmitirle que, a nuestro parecer, el resultado de la prueba era negativa y no avanzaríamos con la terapia. Un nuevo fracaso que horadaba en forma irreversible su cuerpo y alma, y generaba simultáneamente una desoladora sensación de impotencia en todos nosotros.

Sugerimos acompañarla e intentar contenerla utilizando todas las técnicas desarrolladas en nuestro Centro de Dolor para tal fin. Esta fue la última vez que la vi. Como por arte de magia desapareció; nunca más supimos de su evolución.

Qué sorpresa, después de tanto tiempo transcurrido, ver su nombre en el listado de pacientes. ¡Cómo olvidarla!

Fue transcurriendo la tarde, acompañada por una combinación de intriga y ansiedad, que gradualmente se percibían con mayor intensidad al acercarse el momento del reencuentro. ¿Cómo estaría ella? ¿Cuál sería su consulta en esta oportunidad? Estos interrogantes, entre muchos otros, interferían en mis pensamientos.

Había llegado el momento. Solicité telefónicamente a Nora, la secretaria de recepción, que invitase a NR a pasar al consultorio. Infinita espera. Por fin, el toc-toc de la puerta. Avancé; los segundos fueron horas; los metros, kilómetros.

Abrí e inmediatamente mi mirada encontró delante un rostro que parecía ser la fiel representación de la resignación y del agobio. Era Juan, el inseparable esposo y compañero de NR. Me saludó con la calidez y parsimonia de siempre. En ese preciso momento, como una aparición no deseada, mi mirada chocó bruscamente, en un plano visual inferior, con una avejentada señora, inexpresiva, casi inmóvil, desplomada en una silla de ruedas.

Esforzándome para que mi asombro no se transmitiese, por mis gestos saludé efusivamente una y otra vez a NR, o lo que quedaba de ella. No me respondió. ¿Estaría su silencio dominado por un dejo de rencor ante nuestro fracaso terapéutico? Inmediatamente obtuve la respuesta. Tímidamente Juan sentenció: "NR no habla y no camina desde hace más de dos años".

La sorpresa y espanto pudo más que mi voluntad para ocultarlos y florecieron en cada milímetro de mis gestos. No podía lograr comprender qué acontecimientos podían haber ocurrido para tan dramático desenlace.

El prolongado diálogo que mantuve con Juan me aclaró el escenario al tiempo que me generaba un escalofrío que recorría mi cuerpo en todas direcciones. Múltiples procedimientos, de lo más variados y originales, habían sido ensayados, sin resultado alguno, en NR.

El último intento desencadenó una depresión respiratoria, anoxia cerebral, y el consecuente infarto encefálico difuso. *Primum non nocere*... una vez más, los médicos habíamos eludido esta antigua pero actual sentencia.

Dr. Fabián Piedimonte

Anexo 2

¿Cómo entendemos la Teoría de la Compuerta?

La electricidad se ha utilizado para tratar una variedad de afecciones asociadas a dolor crónico durante muchos siglos; los efectos terapéuticos de las descargas eléctricas del pez torpedo eran bien conocidos en la antigüedad y fueron descriptos por Scribonius Largus, un médico griego que ejercía en la antigua Roma, para el tratamiento de pacientes con gota o con dolores de cabeza.

Más recientemente, la revolucionaria Teoría de la Compuerta, formulada en 1965 por Ronald Melzack y por Patrick Wall, modificó en forma trascendental los conceptos de percepción y transmisión del dolor, y se constituyó en el sustrato teórico para la implementación de la terapia de estimulación medular, presumiblemente, la técnica de neuromodulación más comúnmente practicada para el dolor neuropático en la actualidad.

La estimulación de la médula espinal es, seguramente, uno de los mejores ejemplos de investigación traslacional. De hecho, los autores declararon explícitamente que la teoría podría tener implicancias terapéuticas mediante la activación selectiva de sistemas de fibras de gran diámetro (que trasmiten la sensibilidad táctil) para el control del dolor. Basado en esta teoría, dos años más tarde Norman Shealy, un joven neurocirujano, avanzó con los primeros ensayos de estimulación de los cordones posteriores de la médula espinal para el control del dolor crónico. De esta manera, se había tendido y consolidado un puente entre la investigación básica y la aplicación clínica.

La clave del mecanismo de esta teoría se basa en la competencia entre la transmisión de los estímulos que viajan por las fibras que ingresan a la médula y transmiten el dolor (fibras C) y por aquellas que transmiten el tacto (fibras Aβ). Ambos tipos de fibra siempre hacen relevo en la sustancia gelatinosa de la médula, donde se encuentran interneuronas inhibidoras, antes de llegar a las células de transmisión, denominadas "neuronas de proyección", que llevan el impulso hasta el cerebro; de este modo solo logra pasar un estímulo a la vez a través de esta sustancia gelatinosa la cual sirve de compuerta.

Las fibras C desactivan a la interneurona inhibidora, lo que permite que la neurona de proyección transmita el estímulo doloroso; las fibras Aβ la activan, y esto hace que el dolor se transmita de forma mucho más débil. En definitiva, cuando se recibe un estímulo dañino, se pone en funcionamiento la fibra C, y su señal es enviada por la neurona de proyección al sistema nervioso central, donde se procesa y nos hace sentir dolor. Sin embargo, si simultáneamente se recibe un estímulo de tacto, este cierra la compuerta, y se reduce la transmisión del dolor.

En nuestra vida cotidiana, es lo que ocurre cuando frotamos la zona después de un golpe: la fibra Aβ activa la interneurona inhibidora, aunque la fibra C la esté desactivando, por lo que la señal que se transmite es menor, y se percibe menos dolor.

Dr. Fabián Piedimonte

www.ingramcontent.com/pod-product-compliance
Lightning Source LLC
LaVergne TN
LVHW012056160826
845678LV00014B/2849

* 9 7 8 9 8 7 8 9 1 6 8 9 7 *